글로벌 러시

해외 진출이 답이다

글로벌 러시

해외 진출이 답이다

초판 1쇄 인쇄 2023년 07월 3일
초판 1쇄 발행 2023년 07월 10일

지은이 염호석

발행인 백유미 조영석
발행처 (주)라온아시아
주소 서울 서초구 방배로 180 스파크플러스 3F

등록 2016년 7월 5일 제 2016-000141호
전화 070-7600-8230 **팩스** 070-4754-2473

값 18,000**원**
ISBN 979-11-6958-071-7 (13320)

※ 라온북은 (주)라온아시아의 퍼스널 브랜드입니다.

GLOBAL 글로벌 러시 RUSH

해외 진출이 답이다

염호석 지음

RAON BOOK

• 추천사 •

새로운 기회를 찾는 이들
해외에서 큰 꿈을 펼치려는 이들의 필독서

무한 경쟁속에 자기계발을 하는 자녀들을 보면서

많은 청년들이 해외로 나가서

새로운 기회를 찾아야 한다고 늘 생각했습니다.

이 책은 그런 계획을 실행할 때

누구나 간과하기 쉬운 항목들을 점검하는 데

큰 도움이 되는 고마운 책이 될 것입니다

– '마법의 성'의 가수

김 광진

한국 기업과 해외 진출은 떼려야 뗄 수 없는 관계이다.

협소하고 경쟁이 치열한 내수 시장에서는

금방 한계에 부딪치기 때문이다.

그러나 한국에서는 '글로벌 교육'이 부족해서 그런지

국내에서는 조직에서 인정 받는 사람이

해외에 나가서는 업무에도, 생활에도

적응 못 하는 사례를 자주 봤다.

이 책을 읽으면서 이건 '성공한 주재원이

친한 후배들에게만 알려주는

비기(祕器)가 아닐까?'라는 생각이 들었다.

21년 동안 호주, 미국(서부, 동부), 멕시코, 독일 등에서

해외주재원 생활을 한 저자는

단순한 업무 적응 노하우뿐만 아니라

성공적인 해외 생활, 자녀 교육 노하우와

생소한 문화에서 살아남을 수 있는 소프트 스킬까지 알려준다.

해외에 나가서 큰 꿈을 펼치려고 하는

미래 글로벌 리더에게는 필독서이다.

- 투자 전문 유튜버 및 베스트셀러 작가

전 코트라 차장(독일 근무)

강환국

개척지로 향하는 이들에게 꼼꼼하고 세심한 지도가 되기를

오랜 해외 생활을 마치고, 귀국한 지 5개월이 지났다.

나는 한국의 대기업에서 해외영업 및 마케팅 업무를 25년 넘게 했으며, 이 중 20여 년을 해외 주재원으로 호주 시드니, 미국 LA와 뉴저지, 멕시코의 멕시코시티, 독일 프랑크푸르트에서 근무한 전형적인 한국의 평범한 샐러리맨이다. 마지막 근무지였던 프랑크푸르트에서는 7년 3개월을 일했다. 회사가 중국 회사로 넘어가는 과정에서 두 딸들이 고3, 중3 시절이라 아이들의 학업을 마치기 위해 독일 현지 회사에서 일하고는 2022년 11월, 한국으로 돌아왔다. 두 아이 모두 미국 대학교 입학이 결정되고 미국에서 학교에 다니고 난 뒤였다.

귀국 후에 나는 곧바로 투자유치 및 Operation Value Up 컨설팅 회사에 들어갔다. 다양한 국가에서 주재원을 지내고 해외 시장에서 몸으로 부딪쳐 얻은 경험들이 많은 중소기업 경영자와 담당자들에게 도움을 줄 수 있으리라 생각했기 때문이다. 그리고 지금은 이런 경험과 해외의 생활상을 중소기업뿐 아니라 취업으로 고민이 많은 젊은이들에게도 알려주기 위해 책을 쓰게 되었다. 이 책은 이런 나의 바람을 있는 그대로 기록하고 전달한 글이다.

운 좋게 대기업 회사 생활 25여 년 중 20여 년을 해외 주재원으로 근무한 것이나(외교관이나 코트라 직원만큼 해외 주재원 생활을 한 셈이다), 호주, 미국(LA, 뉴욕), 독일 등 선진국뿐만 아니라 (OECD 국가이지만 치안이 너무 좋지 않았던) 중남미의 멕시코에서도 3년간 살았던 경험 등은 내 인생에 아주 중요한 통찰과 경험을 안겨주었다. 사랑스러운 두 딸이 미국의 명문 보스턴 대학(Boston College)과 스탠퍼드 대학교(Stanford)에 입학할 수 있었던 것도 모두 해외 주재원 생활 덕분이라고 생각한다(물론 어디까지나 성실하고 열심히 한 아이들의 공이 가장 크지만). 여러모로, 나는 매우 운 좋은 샐러리맨이고 운 좋은 아빠라고 생각한다.

해외 생활을 하면서 많은 기러기 엄마와 아이들을 봤지만, 우리는 늘 가족이 함께했고, 한국의 부모님들이 바라는 자녀 교육에도 나름 원하는 바대로 되어 늘 감사의 마음을 갖고 있다. 이러한 경험을 좀 더 많은 분들과 함께 나누고 싶은 마음이 이 책을 쓰게 된 또 다른 동기이다.

한국에 들어와 중소기업 현장을 방문하면서 느끼는 건 내가 생각했던 것보다 중소기업의 현실이 녹록지 않다는 것이다. 경제 최전방에 있었던 사람으로서 국내 및 글로벌 경기침체는 당분간 오래갈 것 같은 예감이 든다. 이러한 국내 경기 침체를 극복하기 위해서는 많은 기업들이 해외로 진출해서 경쟁력을 키우고 해외 시장으로 활로를 찾는 전략이 필요하다. 해외 시장은 알고 나가면 전혀 두려울 것이 없는 새로운 개척지다. 내 책이 개척지를 향하는 이들에게 꼼꼼하고 세심한 지도가 되기를 바라는 마음이다.

이 책은 학자가 쓴 이론서도 아니고 전문 학술서도 아니다. 그저 평범한 회사원이 20여 년의 해외 경험을 솔직하게 써 내려간 기록이다. 부디 이 책이 해외 진출을 꿈꾸는 중소기업뿐만 아니라 해외 주재원으로 나가게 될 직원과 가족들, 나아가 나 때와는 비교할 수조차 없이 협소해진 취업문 앞에서 많은 고민과 갈등을 겪는 젊은이들 모두에게 조금이나 도움이 되기를 바란다.

– 염호석

목차

3장

해외 진출 4단계 프로세스

4장

현지 비즈니스 실전 : 시장조사, 직원채용, 거래처 협상 및 관리 노하우

5장

오픈 마인드는 여기까지 : 현지 사람, 문화에 자연스럽게 동화되는 노하우

6장

성공적인 해외 진출, 여기서 답을 찾다

1장

불황의 시대,
해외에서
길을
찾다

협소한 내수 시장,
돈 벌 기회를 찾아 넓은 해외로

불황의 그늘이 다가온다

2023년 3월, 글로벌 경제 상황은 한 치 앞을 내다볼 수 없는 형국이다. 코로나 상황에서 각 국가들은 시중에 돈을 풀었다가 인플레이션이 심각한 상황이 되자 자금을 거두어들이고자 저마다 금리 인상에 나서고 있다. 그 선두에 서 있는 나라는 세계 최강 미국. 미국이 금리를 올림에 따라 주요 국가들도 금리 인상에 나서고 있다.

대한민국도 예외는 아니다. 2023년 3월 기준, 오히려 한국의 기준 금리가 미국의 기준 금리보다 낮은 상황이라 원 달러 환율의 불확실성도 지속되고 있다. 대한민국의 금리가 미국보다 낮으면 한국에 투자되었던 글로벌 자금들이 미국 쪽으로 빠져나갈 것이기에 달러당 1,100원대에서 움직이던 원화가 순식간에 1,300원에서 1,400원대에서 움직이고 있다. 물론, 원화의 약세는 수출 기업에는 일면 긍정적인 측면도 있을 수 있으나, 수입업체들은 높은 가격에 수입해와야 하고 전체적인 물가는 오르는 현상을 가져오게 된다.

전자/자동차 업계들은 예년에 비해 재고가 많이 쌓여 있다고 하고, 하늘 높은 줄 모르고 치솟던 부동산 가격은 정점을 찍고 계속 내려오고 있는 상황이다. 한국의 경우 부동산 특히 아파트를 구매할 때 소위 '영끌'을 해서 산 사람들이 많기에, 금리가 오르면 갚아야 할 대출 이자가 눈덩이처럼 불어나서 이를 감당하지 못하는 사람들은 시장에 급매물로 내놓을 수밖에 없는 상황에 이르게 된다. 따라서 부동산 경기가 선순환 구조에서 악순환 구조로 돌아서고 있는 게 아닐까 하는 사람들의 우려도 점점 높아지고 있다. 2022년 2월에 발발한 러시아의 우크라이나 침공에 따른 에너지 가격의 급등도 어려운 경제 상황에 기름을 부은 상황이 되어버렸다.

국내적으로는 복지에 대한 요구는 계속 높아지고 있으나, 세수가 줄어들고 있으니 이를 언제까지 감당할 수 있을지 걱정들이 많다. 국민연금에 대한 불신, 실업 수당의 고갈 이야기가 여기저기가 계속 나오고 있다. 정치적으로는 보수 진영과 진보 진영의 첨예한 대립 상황도 지속되고 있다. 뭐 하나 긍정적인 요소가 보이지 않는 상황이다. 개인 파산과 더불어, 회사 파산도 점차 늘어날 거라고 하니 모두들 이 상황을 어떻게 극복할 것인가 고민해야 한다.

인구가 감소되는 대한민국

이처럼 글로벌 경기 침체와 같은 대외적인 환경이 안 좋을 때는 내수시장 규모가 일정 부분 받쳐줘야 국내 경기가 버틸 수 있는데, 우리나라는 지속적인 인구 감소로 인해 앞으로의 경기 전망이 매우 불투명한 상태다. 국가통계 포털이 발표한 2023년 2월 기준, 우리나라 인구는 51,439,038명이다. 그러나 2022년 합계출산율은 0.78명으로 OECD 국가 중 '압도적인' 최하위를 기록하고 있다. 게다가 심각한 저출산율은 앞으로도 지속될 것으로 전망된다. 우리나라 다음의 저출산율을 기록한 이탈리아도 1.24명으로 우리와는 상당한 차이를 보이고 있다. 이는 미국 1.66명, 일본 1.26명과 비교할 때 말도 안 되게 낮은 수치다.

한국은 1972년에만 출산 인구 증가 100만 명을 찍은 이후로 지속적으로 매해 출산하는 수가 감소하여, 작년에는 20만 명대 수준으로 급감하였다. 아기를 낳지 않으니 유관 산업, 예를 들면, 산부인과, 소아과, 어린이집과 유치원 등 아기와 어린이에 관련된 업종 수도 지속적으로 감소하고 있는 상황이다.

1970년대에는 딸 아들 구별 말고 둘만 낳자고 캠페인도 벌였었고, 남자들은 예비군 훈련을 마치고 무료로 정관 수술을 받으며 인구를 억제하려고 했었는데, 지금 보면 당시 이런 정책들이 얼마나 우둔했는지를 알 수 있다. 인구는 그 나라의 파워를 상징하는 한 요소이기도 하기 때문이다.

왜 안 낳을까?

그럼 왜 젊은이들이 결혼도 하지 않으려고 하고, 또 결혼을 하고도 딩크족(Double Income No Kids : 부부만의 생활을 즐기기 위해 선택적으로 자녀를 가지지 않고 생활하는 맞벌이 부부)으로 살려는 부부가 많은 것일까?

여러 이유가 있겠지만 비용 측면이 가장 크다고 볼 수 있을 듯하다. 결혼 비용도 비쌀 뿐만 아니라, 결혼해서 살 집 비용도 너무 올라서 결혼 자체를 포기하는 젊은이들이 늘고 있는 것이다. 설사 결혼한다 하더라도 과도한 양육비(과도한 사교육비 포함)를 지출하면서 자녀를 키우느니 둘이 벌어 둘이 풍족하게 쓰면서 각자 라이프 스타일을 즐기려는 이들이 늘어나는 이유도 대부분은 경제적인 원인이 한몫한다고 볼 수 있다. 급격한 인구 감소의 속도를 조금이라도 늦추기 위해 정부는 출생률을 높이기 위한 강력한 정책을 강구하거나 과감한 이민 정책을 실시하는 등 전향적인 자세가 필요할 것이다.

내수시장 규모 확대를 위해서는 이처럼 인구가 증가해야 할 것이지만, IT의 발달로 과거에는 일일이 사람들이 하던 작업을 기계가 대체하고 있는 실정이다. 일례로, 스마트팩토리가 점차 확대되고 있어 과거에는 10~20명이 하던 일을 1명이 수행하는 경우가 많아지고 있다. 은행도 창구 직원이 하던 일들을 이제는 스마트폰 하나만 있으면 앉은자리에서 얼마든지 은행 업무를 볼 수 있는 현실이니, 편안한 세상이 온 것은 맞기는 한 것 같다.

기회를 찾아 해외로 진출하자

내수시장을 위해서는 인구가 늘어야 하지만 반면 우리나라는 IT의 발달로 일자리의 수는 줄어드는 상황이 계속되리라고 본다. 나는 해외에서 만 21년을 주재원 및 현지 회사에서 근무했던 사람으로서 내수 기업이나 젊은이들에게는 해외로 나가서 그 기회를 찾아보라고 적극 추천한다. 한국에서 이미 포화된 업종들도 해외에 나가면 새로운 먹거리 사업이 될 수도 있기 때문이다.

내 후배 가운데는 멕시코에서 모자와 원단, 원사 사업을 크게 벌여 많은 돈을 번 이도 있고, 아프리카 우간다에 가발 공장을 지어 엄청난 매출을 일으킨 이도 있다. 모자와 원단, 원사 사업이나 가발 공장 사업 같은 것은 이미 한국에서는 시장 자체가 협소해졌고, 또 노동집약적 산업이기에 인건비가 비싼 우리나라에서는 가격 경쟁력이 없어진 지 오래다. 그러나 앞에 말한 멕시코나 우간다 같은 나라들에서는 전혀 상황이 다르다.

이처럼 해외 진출을 염두에 둘 때는 아이템과 함께 진출할 대상지도 함께 스터디를 하며 적재적소를 골라내야 한다. 사람들은 눈에 보이는 것만 보며, 자기가 알고 있는 것만 맞다고 생각한다. 내가 해외에 눈을 뜨게 된 건 1991년도 군에서 제대하고 복학하기 전 혼자서 한 유럽 배낭 여행과 아시아 여행을 통해서다. 당시 나는 새로운 곳에 대한 새로운 감각을 익히고 또 눈을 뜨게 되었다. 그런 까닭으로 대학 졸업 후 한때는 외교관이 되고 싶어 외무고시 공부를 하기도 했다. 그러다 상사맨이 되어 해외 주재원 생활을 하는 해외 진출 꿈을 꾸게 되었는데, 결론적으로 내가 하고 싶은 해외 주재원 생활을 마음껏 했고 지금은 가능하면 그 경험을 많은 이들과 공유하려 애쓰는 중이다.

물론 2023년 현재는 많은 기업들과 젊은 층들이 해외로 나가 있지만, 아직도 협소한 내수시장만 바라보는 중견/중소 기업가들이 많은 듯하다. 국내외에 불황이 다가오지만, 나는 이를 해외 진출을 통해 극복해야 한다고 본다. 꼭 북미, 유럽과 같은 선진국만 기회가 있는 것이 아니다. 중남미 중동, 아프리카, 아시아 등 기회가 널린 시장이 많다. 그 기회를 찾아보자.

여전히, 세계는 넓고 할 일은 많다

1989년도에 출간된 전 김우중 대우 그룹 회장님의 책《세계는 넓고, 할 일은 많다》를 너무너무 감동 있게 읽었던 기억이 난다. 일개 샐러리맨에서 대우라는 무역 회사를 설립한 후, 한때 대한민국 재계 서열 2위까지 올라갔던 대우 그룹의 회장. 나는 이 책을 아직도 내 책상 가까운 곳에 꽂아두고, 가끔씩 꺼내 읽곤 한다. 그만큼 내가 해외 생활을 하면서 바이블로 생각하며 읽고 또 읽고 했던 책이다.

독자들도 알다시피, 대우 그룹은 소위 말하는 선진국 시장보다는 개발도상국과 후진국에서 명성이 더 자자한 회사였다. 특히 폴란드는 대우의 자동차 공장이 있던 나라였는데, 대우 배지를 달고 폴란드에 내리면 거의 영웅 취급을 받았을 정도로 대우 브랜드에 대한 대접이 남달랐다고 한다. 대우에 대한 예우는 동유럽뿐만 아니라 아프리카에서도 마찬가지였다고 한다. 아시아도 그랬고 중남미도 그랬다.

내가 멕시코에 근무할 당시인 2012년까지만 해도 중남미에서는 아직도 대우 브랜드명이 찍힌 전자제품이 판매되고 있었다. 이는 김우중 회장님의 해외 시장을 바라보는 선견지명이 있었기에 가능했던 일이라 본다. 나도 만 21년의 해외 주재원 및 해외 근무 생활과 본사 근무를 통해 80여 개 국가를 다녀왔지만, 아직도 가보지 못한 나라들이 많이 있다. 특히 아프리카와 중남미 국가들에는 아직도 기회가 많을 것으로 생각한다.

요즘 한국의 젊은이들은 취업이 매우 어렵다고 한다. 우리 세대는 전반적으로 모든 분야에서 산업이 확대되는 시기였기에 인력을 구하기가 매우 어려운 시대였다. 그렇기에 우리 세대는 학점이 그다지 좋지 않아도 3~4개 정도의 회사에서 취업이 확정되는 경우도 흔했다(나 또한 여러 군데 회사에 입사가 확정되어, 내가 가고 싶은 회사를 선택했었다).

하지만 지금 시대는 옛날과는 다르다. 기업들의 채용 인력도 비교할 수 없을 만큼 줄어들었고, 신규 채용을 아예 하지 않는 기업도 매우 많다. 이런 시기에, 해외 취업은 많은 취업 예비자들은 물론이고 대학 졸업 예정자들에게 좋은 기회를 선사할 것이다. 여전히, 세계는 넓고 할 일은 많다. 그러니 중소기업은 기업대로, 젊은이들은 젊은이들대로 그 옛날 김우중 회장의 조언처럼 해외로 눈을 돌려 더 큰 기회를 잡기를 바란다.

해외 진출로
위험 리스크를 분담하라

국내 내수 시장만을 타깃으로 하지 마라

처음 사업을 시작하는 중소기업 오너들은 한국의 내수시장을 염두에 두고 사업을 시작한다. 당연하다고 본다. 해외 시장을 제대로 알지 못하는 상태에서 섣불리 공략하는 것보다는 내수시장에서의 성공 가능성을 본 후에 목표 시장을 넓혀가는 것이 좋을 것이다. 한국에 들어와 나름 괜찮다는 중소/중견 기업들을 방문하여 상담하다 보면, 의외로 관리 체계가 미약한 회사가 많음에 약간 놀랄 때가 있다. 재무제표를 보면 이익은 내고 있으나 조금만 더 체계적인 관리가 된다면, 더 크게 성장할 수 있는 회사들이 많다고 본다. 그들 대부분의 회사들이 인력에 대한 투자, 시스템에 대한 투자가 적다 보니 그럴 것이라 본다.

물론, 당장 매출과 이익 내기도 버거운데 무슨 투자냐고 말하는 이들도 있을 것이다. 하지만 선순환 구조를 만들려면, 당연히 일정 부분의 인력이나 시스템에 대한 투자가 필수라고 본다. 왜냐하면 이러한 투자가 일정 부분 되어 있어야만 내수시장에서 해외 시장으로 눈을 좀 더 넓혀볼 여유가 생길 것이기 때문이다.

사업을 하는 기업가 입장에서는 지속적인 인구 감소와 불황 리스크 등으로 내수시장만 바라보기에는 한계가 있다. 리스크가 너무 큰 것이다. 지금은 한국의 기업들이 해외로 진출하기에 매우 좋은 시점이라고 본다. K-POP, K-FOOD, K-Culture 등, K자만 붙으면 해외에서 인기가 너무나 좋기 때문이다. 방탄소년단인 BTS와 강남 스타일의 싸이가 얼마나 많이 한국을 전 세계에 널리 알렸는지 해외에 나가본 사람들은 다 안다. 한국의 대중가요도 해외에 진출했고, 한국의 음식도, 한국의 영화도 세계에 진출하여 많은 외국인들로부터 사랑을 받고 있다. 'Made in Korea'라고 하면, 과거의 'Made in Japan'이 각광받던 시절처럼 현재 주목받고 있다. 시장 상황이 이런데 왜 국내 시장에만 머물러 있어야 하겠는가?

거래처를 다변화해야 한다

나는 주로 해외 영업/해외 마케팅에 오래 몸담아왔던 사람이다. 해외에서 주재하면서 정말 많은 비즈니스를 해왔는데, 내 영업 철칙이 있다. 절대 특정 거래선의 비중이 너무 높지 않게 하는 것이다. 전 직장에서 호주 국가를 담당했는데, 영업을 잘하던 거래선 한 곳이 갑자기 망하게 되었다. 호주는 국토가 넓어서, 경쟁업체는 한 개의 주(State)에 한 개의 거래선과 거래하는 안정적인 판매망 체제였으나, 당시 내가 몸담고 있던 회사는 한 개의 거래선을 통해 호주 전역에 특정 제품군을 다 공급하고 있었다. 그런데 갑작스럽게 그 거래선이 망하니, 우리 회사는 사업 계획 목표 대비 50%도 달성하지 못하는 상황이 1년 이상 지속되어, 호주 현지에 나가 있던 주재원들뿐만 아니라 본사에 근무하던 호주 담당들도 엄청난 스트레스를 받았었다. 이 당시 스트레스인지는 모르겠지만, 당시 호주 법인장님은 이후 암으로 일찍 하늘나라로 가시게 되었다.

당시 나는 대리 신분이었지만, 이런 상황을 본 후 절대 한 거래선에 소위 '몰빵'하지 말아야겠다는 생각을 했으며, 이는 지금도 내 머릿속 영업 전략으로 남아있다. 결국 나는 이렇게 무너진 호주 판매망을 다시 셋업하는 임무를 부여받고 호주로 가게 되었고, 새로운 법인장님과 정말 고생고생해서 판매망 구축 작업을 진행했다. 그리고 결과가 좋아 매출도 과거보다 지속적으로 성장하게 되었다. 이후 미국에서 근무할 때도 신규 거래선 발굴에 힘을 썼고, 멕시코, 독일에서도 안정적인 판매망을 구축하고자 노력을 했다.

해외도 특정 국가에 올인하지 마라

최근 글로벌의 가장 큰 이슈는 미국과 중국의 패권 전쟁이다. 과거 소련의 붕괴 이후 미국의 원톱 상황이 계속되리라 생각했지만, 중국의 급성장으로 미국이 위기의식을 갖지 않을 수밖에 없는 상황이 되었다. 중국은 값싼 노동력으로 세계의 공장 역할을 오랜 기간 해온 이후 경제적으로도 미국 다음의 나라가 되었다.

한국 기업 역시 개방된 중국의 시장에 너도나도 진출했다. 중국은 제2의 내수시장이라고 생각하고 많은 대기업 및 중견, 중소기업들이 중국 시장으로 뛰어든 것이다. 그런데 미국과 중국의 패권 싸움에 안보적으로 미국의 보호 속에 있는 한국은 미국과 중국의 눈치를 다 볼 수밖에 없는 상황에서 이러지도 저러지도 못하는 상황들이 벌어졌다. 사드 배치로 인한 양국의 정치적 갈등으로 롯데 그룹이 중국으로부터 직격탄을 맞았고, 신세계 그룹도 중국에서 이마트가 철수하는 상황이 벌어졌다. 현대차는 중국 판매가 급감하여 중국 시장에서 철수도 고려해야 하는 상황까지 이르렀다.

현대차, 롯데, 신세계 같은 대기업들은 이런 상황에서도 견딜 수 있는 체력이 있지만, 중소기업들이 이런 상황이라면 한 방에 회사가 무너질 수도 있다. 중국이라는 나라는 공산주의 국가라 사적으로 토지를 소유할 수가 없다. 기업들이 중국에 공장을 짓거나 집을 구매할 때, 토지만큼은 오랜 기간 빌리는 조건으로 걸고 건물을 구매하는 것이다. 이런 중국에 '몰빵'을 하는 것은 너무 큰 리스크를 안고 있는 것 아닐까? 한국의 많은 기업들은 2015년 이후부터 중국에서 베트남, 캄보디아, 미얀마 등으로 투자처를 옮기고 있는데, 나는 이런 대처가 무척 발 빠르면서도 현명한 대응이라고 생각한다.

국내와 해외, 적절하게 분배하자

"달걀을 한 바구니에 담지 마라"라는 속담이 있다. 보통 주식시장에서 많이 인용되는 속담인데, 이는 비즈니스를 하면서도 늘 머릿속에 담아 두어야 할 것으로 판단한다. 내수시장에서 사업을 시작해 자리를 잡은 후에는 유망한 해외 시장을 발굴하여 이 시장에 적극 진출한 후 혹시 있을 리스크를 사전에 미리 준비하는 것도 중요하다.

IMF 시절, 당시 한국의 금리는 18%까지 치솟았고, 달러당 원화도 2,000원까지 올랐던 적이 있었다. 이 당시 가장 이익을 봤던 기업들은 업종이었을까? 그렇다. 수출 비중이 높았던 기업들이 특히 많은 돈을 벌었다. 당시에 내수시장은 침체되었고 일반 국민들은 돈이 없어 금 모으기까지 했던 시절이라, 내수 비중이 높았던 기업들은 많은 어려움을 겪었다. 스윙 전략(Swing Strategy)이라고, 이 당시에는 내수시장에 할당된 판매 목표를 해외 시장으로 옮겨서 물건을 더 많이 판매하여 기업 입장에서는 더 많은 이익을 창출했던 것이다. 이렇게 하기 위해서는 해외에 생산 공장 내지는 판매망을 구축해놓는 것이 좋다. 해외 생산 공장 구축은 어느 정도 규모가 되는 회사여야 하겠지만, 판매 네크워크를 구축해놓는 건 그리 어렵지 않다.

우리가 생각하는 것보다 해외 시장은 넓다. 어떠한 아이템이라도 한국 내수시장에 판매되는 것이라면 해외 시장에서도 판매될 수가 있다.

세금, 인건비 등 Cost 절감 효과

기업가의 고충

1988년 노태우 정권이 직선제 선거로 들어선 이후 우리나라는 사회적으로 민주화의 열풍이 불었다. 그동안 군사 정권에 억눌려 있던 많은 부문들에서 각개의 요구들이 봇물 터지듯 쏟아져나왔다. 특히 노동자들의 노조 가입이 늘어났고, 그들의 요구에 단체 행동을 불사하는 일들이 많아졌다.

노조는 세계 민주주의 나라에는 다 있는 조직이다. 부당한 사측의 요구에 당당히 맞설 수 있는 권리를 노조라는 조직을 통해 행사할 수 있는 등 순기능이 있음은 부인할 수 없다. 그러나 언제부터인가 노조의 요구가 정치적으로 변해가며, 또 기업가의 영역까지도 침범하여 과도한 요구를 하는 경우가 종종 생기고 있다. 악덕 기업가가 있는 만큼 악덕 노조도 존재하는 게 현실이지 않나 싶다.

아무튼 선한 기업가 입장에서 보면 이러한 악덕 노조 리스크가 기업의 발목을 잡을 수도 있다. 기업의 목적 중 가장 기본 중의 기본은 이익을 창출하는 것이다. 어떤 이들은 아니라고 하지만, 이익 창출 없이는 고용 창출도 없고 고객 창출도 없으며, 사회적인 약자를 도울 수도 없다. 이익 창출을 할 수 없으면 기업을 유지할 수가 없는데, 기업은 어떻게 되든지 자기의 이익만을 주장하는 노동자들이 많음은 안타깝다. 이렇게 되다 보니 인건비는 지속적으로 올라가고 있다.

현대자동차 노동자의 급여 수준은 웬만한 전문직 급여와 비교해도 절대 나쁘지 않은 조건이라고 한다. 물론 노동자라고 해서 급여를 꼭 적게 받아야 할 이유는 없지만, 과도하면 이는 기업의 경쟁력 악화로 이어질 것이기 때문이다. 최저 임금제를 상향 조정하면서 소비 진작이 될 것이라는 한국의 경제정책은 오히려 자영업자와 중소기업들의 경쟁력만 악화시키는 결과를 낳았다. 내 주위에 자영업과 중소기업을 운영하는 분들이 많은데, 이러한 고충을 나에게 토로하는 분들이 허다하다. 나는 기업의 크기와 상관없이, 자영업을 하거나 기업을 운영하는 사람들을 매우 훌륭하게 생각한다. 그들은 기업을 운영하면서 고용 창출이라는, 어쩌면 매우 중요한 사회적 기여를 하고 있는지도 모른다.

노조의 파워

선진국에 살다 보면 노동자들의 파워가 강함을 알 수 있다. 그렇다 보니, 임금 수준도 화이트칼라와 유사한 수준이거나 오히려 더 높은 경우도 많다. 우리나라도 OECD에 가입된 지 오래된 선진국으로서 이미 이러한 상황을 겪은 북미, 유럽, 호주 등의 전철을 밟고 있는지도 모르겠다. 그렇기에 우리나라 대기업들도 하나둘씩 해외로 생산 공장을 이전하기 시작했다.

우리나라보다 인건비와 법인세가 낮은 나라로의 이전은 어쩌면 당연한 결과인 듯하다. 중국으로 나가기 시작하여 베트남, 태국, 말레이시아, 인도네시아, 캄보디아, 미얀마 등 아시아 개발도상국으로의 생산 공장 설립이 지속적으로 증가되어 왔다. 이로 인해 결국 손해를 보는 건 한국의 노동자들이다. 그들의 일자리가 외국으로 나가니, 본인들로서도 위기의식을 느끼지 않을 수 없을 것이다. 그렇기에 노조들은 사측과 협상 카드를 내놓을 때 해외 공장 대신 한국 공장에 투자하여 생산 설비를 증가하고 생산량을 늘리라는 요구도 많이 한다.

그런데 나는 이 요구에 대해 의문점이 든다. 사측 입장에서는 이것이 경쟁력이 있다면 당연히 그렇게 하겠지만, 경쟁력이 없다면 굳이 그렇게 할까 하는 생각이 드는 것이다. 이제 노조도 사측과 함께 회사의 운명을 함께한다는 생각으로 역지사지하는 마음을 가져야 할 것이며, 사측 또한 노동자의 희생만 강요한다면 결국엔 기업 경쟁력 악화로 이어질 것이다. 파업을 하더라도 누구나 공감하는 파업이라면 나부터 지지할 것이지만, 그렇지 않다면 대기업/중견기업들의 생산 공장은 계속 해외로 나갈 수밖에 없는 상황이 될 것이다.

심한 규제와 높은 세금

다른 나라 공무원들의 급여 수준은 사실 우리나라와 비슷하다. 다만 특히 규제의 벽에서는 한국과 선진국들이 크게 다르다. 선진국은 우리나라보다 기업 설립이 무척 용이하다. 내 지인도 한국에서는 중소기업을 설립할 때부터 운영하는 전반적인 과정 내내 규제가 너무 높다고 아우성이다. 그리고 기업의 법인세율도 다음 표에서 보는 바와 같이 이제는 북미나 유럽 수준 내지는 그 이상이 되어버렸다. 그렇기에 높은 인건비와 높은 법인세율을 고려하여, 기업가 입장에서는 보다 저렴한 곳을 찾아 진출하는 건 어쩌면 당연하다.

[표] 주요국의 법인세 최고세율(국세와 지방세 합산) (단위 : %)

연도	주요국								
	한국	미국	영국	프랑스	독일	호주	캐나다	일본	대만
2017	24.2	38.9	19.0	44.4	29.9	30.0	26.7	30.0	17.0
2018	27.5	25.8	19.0	34.4	29.9	30.0	26.8	29.7	20.0
2019	27.5	25.9	19.0	34.4	29.9	30.0	26.6	29.7	20.0
2020	27.5	25.8	19.0	32.0	29.8	30.0	26.3	29.7	20.0
2021	27.5	25.8	19.0	28.4	29.8	30.0	26.2	29.7	20.0

(※출처 : 조세재정연구원)

경쟁력을 키워야 한다

기업은 이윤을 창출하지 않으면 고용 창출도, 고객 창출도, 또 사회에 봉사 및 기여도 할 수 없음을 누구나 안다. 우리나라의 환경(임금 상승과 높은 세율)이 북미와 유럽과 같은 여건이 된 상황에서 경쟁력을 키우기 위해서는 어떻게 해야 하는가? 당연히 우리나라보다 임금과 법인세 등에서 경쟁력이 있는 곳을 찾아 나서야 한다. 어쩌면 이것은 해도 되고 안 해도 되는 것이 아닌, 기업가 입장에서는 생존과 직결된 상황이기에 반드시 해야 할 것으로 판단된다. 제품별 철저한 시장조사를 통해 과연 어느 지역으로 진출하는 것이 가장 좋을 것인지 심도 있는 판단이 필요하다.

각국의 블록화 이슈에 적절히 대응할 수 있는 전략

트럼프의 등장, 미국 최우선주의

1993년 대한민국의 김영삼 대통령은 취임 후 세계화를 부르짖었다. 자원은 없는 대신 근면 성실하고 우수한 인력을 보유한 대한민국은 세계로, 세계로 진출해야 했다. 2000년대 초반만 하더라도 일부 대기업 정도만 해외 판매 법인 혹은 해외 사무소가 있었고, 생산 법인들은 막 진출하는 초기였다. 그로부터 10여 년이 흐른 2010년쯤에는 많은 대기업과 중견 기업들이 이러한 세계화의 물결 속에 해외로, 해외로 진출을 해왔다.

2017년 세계 최강의 나라 미국의 대통령으로 사업가인 도널드 트럼프가 45대 대통령에 취임하면서, 미국의 움직임에 커다란 변화가 있었다. 트럼프는 "미국 우선주의(America, First)"라는 구호를 외치며 자국의 이익을 최우선적으로 삼는 정책을 펼쳤다. 그동안 미국은 세계의 경찰국가로서 역할을 수행하며 세계 각국 자유무역의 맨 앞줄에서 있었는데, 트럼프의 등장으로 그간의 기조와는 완전히 변화된 정책을 추진한 것이다.

물론, 중국과의 패권 전쟁에서 결코 물러설 수 없다는 절박함, 그리고 자국 내 산업이 외국으로 빠져나가 실업률이 증가하는 등의 경제 현황을 타개코자 보호주의로 돌아선 것이 한 이유는 될 수 있다. 그 주요 타깃은 중국이었으나, 우리나라도 유탄을 맞을 수밖에 없었다. 중국산 제품에 대해 관세를 높여 미국 내로 못 들어오게 했고, 이에 따라 한국산 제품들도 높은 수입 관세를 부여받게 되어 많은 한국산 제품의 미국 수출이 막히게 되는 상황에 처했다.

발 빠른 대기업, 특히 현대자동차나 삼성전자, LG 전자, 한국타이어, 금호타이어 등은 미국 내 생산 공장을 운영하여 이러한 한국산 덤핑 관세 조치에 그나마 큰 타격을 받지 않을 수 있었지만, 중견/중소 기업들은 미국 내 생산 기지를 준비하지 못해 미국과 같은 큰 시장에서 판매를 못 하게 되는 상황이 발생했다. 이에 반해 미국은 캐나다, 멕시코와 북미자유무역협정(NAFTA)을 맺고, 인건비가 미국보다 저렴한 멕시코에 생산 공장을 지어 제품을 생산한 뒤 자국으로 수입해오는 정책을 오래전부터 실시하고 있었다.

영국의 EU 탈퇴

유럽은 어떠한가? 유럽의 정치, 경제 통합을 실현하기 위하여 1993년 11월 1일 발효된 마스트리흐트 조약에 따라 1994년 1월부터 EU(European Union)가 출범하였다. 통화도 유로화로 통일되고(일부 EU 국가 중에는 자국 통화를 그대로 사용하는 국가도 있었다. 영국의 파운드화, 노르웨이, 스웨덴 크로네는 그대로 사용), EU는 하나의 국가처럼 EU 내에서는 관세도 없고, 이동의 자유도 있다.

이렇게 EU는 한 블록화가 되었는데, 최근 영국은 EU에서 탈퇴한 후 경제적으로 많은 어려움을 겪고 있다. 이동의 자유가 사라지니 금융권 등이 영국에서 프랑스, 독일로 이동했고, 특히 교역에 있어 관세의 부과, 또 추가된 검역 등으로 불편한 나머지 영국보다는 EU 내에서 교역을 하려고 하니 영국과의 교역량이 영국의 EU 탈퇴 이후 급격히 감소하고 있는 실정이다.

각 지역의 블록화 움직임에 적절히 대응을 함으로써 교역에 불편함이 없도록 해야 하는데, 영국은 큰 숲은 보지 못하고 EU를 탈퇴함으로써 막심한 경제 손실을 보는 상황이 되었다. 세계는 이렇듯 세계화의 물결에서 블록화가 되어가고 있는 상황이다.

안보냐 경제냐?

대한민국은 지정학적으로 오래 전부터 강대국의 틈바구니에서 많은 어려움을 겪어온 나라이다. 남북으로 분단된 상황에도 불구하고 중국의 개방 정책으로 그간 한국의 기업들은 거대한 중국 시장에 뛰어들어 성장을 해왔다. 한국의 교역량 순위에서 미국을 제치고 중국이 1위가 된 지도 벌써 꽤 되었다. 그러나 미중 패권 전쟁으로 이러한 상황에 변화가 오고 있다.

일본과의 지소미아(General Security of Military Information Agreement : 군사 정보 보도 협정, 국가 간 군사 기밀을 공유하기로 하는 협정)에 다시 돌아오라고 한 미국의 권유에 따라 최근 한국 정부는 지소미아로 복귀하였다. 이는 당연히 중국의 반발을 가져오고 있다. 미국과 중국의 패권 다툼에서 한국의 기업들은 어떠한 준비를 해야 할 것인가? 안보와 경제는 뗄 수 없는 영역이다. 앞으로 한미일의 안보 동맹이 깊어지고, 한미 연합 군사 훈련 재개로 과연 중국이 과거처럼 한국의 기업들에게 대우를 해줄 것인가가 의문이다. 사드 배치로 인한 중국 정부의 롯데 마트 불매운동으로 한순간에 문을 닫고 철수하는 상황이 다른 기업들에게도 일어날 수 있기 때문이다.

지금은 중국의 의존도를 발 빠르게 줄여야 한다.(그렇다고 현재의 비즈니스를 중단하라는 것은 아니다) 그러려면 중국에 대한 의존도를 줄이고 새로운 시장으로 재빨리 갈아타야 한다. 중국의 시진핑은 절대 권력자로서 법을 고쳐 3연임을 했으며, 종신 집권도 가능할 수 있게 만들었다. 이처럼 계속되는 미국과 중국의 갈등 속에서 우리나라 기업들은 무엇을 준비해야 할까?

해외 진출의 다각화는 필수

세계 지도를 펼치고 중국의 의존도에서 벗어날 수 있는, 중국을 대체할 만한 시장을 찾아 나서야 한다. 동남아시아, 중남미, 중동, 아프리카, 북미, 유럽의 국가들을 찾아야 한다. 중국은 한국과 근접 거리에 있기에 중국 시장을 또 다른 내수시장으로 생각하고 공략해왔다. 하지만 지금은 발 빠르게 중국 의존도를 대체할 시장을 찾는 것만이 리스크를 줄이고 안정적인 기업 운영을 할 수 있는 조건이 될 것이다.

중국 시장만큼 매력적인 국가는 인도라고 생각한다. 올해 2023년 통계에 따르면, 인도가 중국을 제치고 세계 1위의 인구 대국으로 등극했다고 한다. 하지만 생각건대, 우리나라에는 중국 전문가에 비해 인도 전문가가 그리 많지 않다. 인도에는 일찍이 현대자동차가 현지 공장을 설립해 운영 중이지만, 현대차 외에는 아직 생산 공장을 운영 중인 기업들이 많지 않다. 인도, 파키스탄, 방글라데시 등은 인구 대국들이다. 물론 국민성도 다르고 아직은 1인당 GDP도 낮지만,

워낙 인구가 많은 나라들이라 중국의 의존도를 이런 나라로 스윙하는 전략은 유효하다고 본다.

그리고 아직 한국의 기업들이 많이 진출해 있지 않은 나라들은 아프리카 대륙이다. 아프리카도 인구가 증가하는 국가들이다. 이런 아프리카 국가들은 중국이 이미 오래전부터 지속적으로 투자를 해오고 있다. 한국의 기업들 중 일부만이 아프리카에 진출해 있는데, 많은 기업들이 아프리카에 진출해야 한다고 생각한다. 그리고 중남미도 한국의 기업들이 눈여겨봐야 하는 지역이다. 중남미 역시 인구가 증가하고 있는 나라들이다. 인도, 아프리카, 중남미들은 치안이 불안정하고, 한국에서 거리가 멀리 떨어져 있기에 관심이 많지 않지만, 이럴수록 이 지역에 관심을 갖고 지금부터 스터디하여 진출하면 대박이 날 수 있다.

아무튼, 앞으로 당분간 중국과의 관계는 더 소원해질 수밖에 없는 현실에 직면하고 있다. 남보다 한 발짝 일찍 준비하는 기업만이 리스크를 줄이고, 한 단계 더 도약하리라 생각한다.

글로벌 경험은
대를 이어 갈 수 있다

글로벌 아이들로 자란 두 딸들

나는 해외에서 기업을 운영한 것이 아니라 해외 주재원과 현지 취업으로 만 21년의 세월을 해외에서 보낸 사람이다. 큰딸이 배 속에 있을 때 호주로 가서 두 딸 모두 호주에서 태어났다. 큰 애는 호주에서도, 또 한국에 돌아와서도 유치원을 다녔다. 미국 LA에서는 킨더(의무 유치원)를 다녔고 뉴저지에서는 집 근처 메리어트 메모리얼 스쿨(Merriot Memorial School)에서 1, 2, 3학년을 보냈다. 내가 멕시코 주재원으로 머물던 시기에는 4학년, 5학년 6학년을 미국학교인 ASF에서, 다시 한국에 돌아와서는 목동의 월촌중학교를 다녔다. 그렇다 보니 치열한 한국 목동의 중학교에는 적응하지 못해 상암동에 있는 서울 드와이트 외국인학교(Dwight International School)를 잠시 다니다가 다시 독일로 가서 프랑크푸르트 국제학교(Frankfurt International School)를 졸업했다. 현재 큰딸은 미국의 보스턴 대학(Boston College) 4학년에 재학 중이다.

막내는 멕시코 ASF에서 유치원부터 2학년까지 보내고, 목동 목원초등학교에서 3학년, 4학년을 마친 뒤, 독일 프랑크푸르트 국제학교에서 5학년 이후 쭉 다닌 후 졸업해서 지금은 미국의 스탠퍼드 대학교(Stanford University) 1학년에 재학 중이다. 두 딸들은 영어와 한국어를 가장 편하게 구사하고, 스페인어와 독일어도 대화하는 데 지장이 없다. 두 딸들이 이렇게 성장하게 된 배경은 아빠인 나를 따라 여러 나라에서 학교를 다니면서 자연스럽게 현지의 언어를 접한 덕분이다. 또 미국 학교와 국제학교에 다님으로써 글로벌 마인드를 배우게 된 영향이 가장 크다고 본다.

나는 두 딸들에게 세계가 곧 너희들이 활동할 무대라고 강조한다. 미국에서 살든, 유럽에서 살든, 중남미에서 살든, 호주에 살든, 두 딸들이 경험한 것들을 바탕으로 본인들이 직접 선택하라고 권유한다. 21년 간 가족과 함께 한 해외 생활은 가족 모두에게도 좋은 경험이었다.

호주, 미국, 멕시코, 독일에서 활동하는 2세들

내가 주재하여 살던 나라들은 현지에서 사업을 하면서 자녀들을 훌륭하게 키우신 분들이 너무 많다. 내 지인들만 봐도 호주에서 자녀들이 의사, 치과의사, 변호사, 회계사 등으로 활동하고 있고, 미국도 마찬가지다. 멕시코에서는 보통 자녀들을 멕시코 대학에 진학시키는 분들도 계시지만, 미국과 접해 있어 많은 자녀들이 미국 대학으로 진학하여 미국에 진출하고 뿌리를 내리는 경우가 많다. 물론 미국 대학을 졸업하고 부모의 직업을 잇기 위해 다시 멕시코로 돌아와 부모님을 돕는 2세들도 있다.

독일의 경우도 마찬가지다. 특히 독일은 알다시피 교육비가 무료다(일부 영어로 수업하는 대학은 학비를 받지만, 그리 비싸지 않다). 독일은 대학의 학사, 대학원의 석사, 박사 과정까지 공부하는 데 학비가 무료이고, 교육의 질도 매우 우수하여 현지 우수한 대학의 의대, 법대, 공대에 진학하여 훌륭하게 성장한 2세들도 많다. 내가 살았던 프랑크푸르트 도시만 해도 한인 의사, 한인 치과 의사, 한인 변호사들이 많다. 그들은 유창한 현지 언어와 한국어를 구사하기에 처음으로 독일에 나가는 분들에게 많은 도움을 제공해주고 있다.

교육 목적으로 이민을 오시는 분들도 많지만, 해외에서 기업을 운영하기 위해 왔다가, 2세들의 교육은 덤으로 얻는 경우도 많다. 나의 경우에는 기업 운영도 중요하지만, 2세들이 잘되는 것도 그 이상으로 중요하다고 생각하기에 두 마리 토끼를 잡기 위해서 해외 진출에 강추하는 입장이다.

과거 페루의 대통령은 일본계

독자들은 알베르토 후지모리라는 사람을 아는지 궁금하다. 알베르토라는 이름을 보면, 스페인이나 중남미 사람인 듯하고, 후지모리라는 성을 보면 일본인인 듯하다.

그는 페루의 제54대 대통령(1990~2000)을 지낸 일본계 페루 사람이다. 중남미를 가면, 일본에서 온 이민자들이 많은 나라들이 있다. 페루와 브라질이 그런 나라들 중 하나이다. 과거 한국인들 역시 중남미 국가들 중에 멕시코, 아르헨티나, 브라질로 이민을 많이 갔었다. 그런 일본의 이민자 중에 페루의 대통령이 나온 것이다. 중남미 나라에서 혼혈도, 아닌 순수 혈통의 일본계가 대통령으로 당선되다니…….

미국도 버락 오바마가 대통령에 당선되었듯이 한국계도 상원, 하원 의원이 많이 배출이 되고 있는데, 조만간 미래에 한국계 대통령도 나올 날이 그리 멀지 않은 듯하다.

부모 세대의 글로벌 경험은 1.5세, 2세들에게는 어려서부터 글로벌 경험을 하기에 보다 더 현지화할 수 있다고 본다. 어쩌면 세계는 국경이 의미가 없는 시대를 이미 맞이한 것인지도 모른다.

2세, 3세들도 대한민국의 자산이다

나는 이러한 1.5세, 2세, 3세들도 대한민국의 소중한 자산이라고 생각한다. 그들이 현지에서 자라 현지 국가의 주요 포지션에 자리 잡는 것만으로도 한국에 크나큰 도움을 주리라고 생각한다. 미국에는 이미 1.5세, 2세들이 연방 대법관과 주한 미대사, 상·하원 의원으로 활동했고 또 활동하고 있다. 이처럼 한국을 잘 알고 한국에 친화적인 친한파들이 늘어나면 대한민국 국익에도 도움을 주면 주었지 불이익을 주지는 않을 것이라 생각한다.

생각을 크고 넓게 가져야 한다. 그리고 우리나라의 인구 구조상 앞으로 우리나라도 이민을 받아들이지 않을 수 없는 상황이 되고 있다. 어릴 적 우리나라는 단일 민족이라고 학교에서 배우면서, 이를 매우 자랑스럽게 교육받아왔지만, 지금 시점에서 보면 너무나 협소한 사고가 아닌가 생각한다. 나는 두 딸들이 한국인의 정신을 지키면서 또 글로벌한 마인드를 갖는 세계인이 되기를 바란다.

두 딸들은 현재로는 결혼을 할 마음은 없다고 하지만, 혹 결혼을 하게 된다면 꼭 한국 남자만을 고집하지 않고 미국인이든 유럽인이든 호주인이든 타민족과 결혼을 할 수도 있다고 생각한다. 세계는 발 빠르게 변화하고 있다. 앞으로 5년의 변화가 과거 100년의 변화보다 더 빠를 수 있다고 학자들은 이야기한다. 과거에 옳은 것이 지금은 옳지 않은 것이 될 수도 있고, 과거에 옳지 않았던 것들이 지금은 옳은 것이 될 수도 있는 세상이 되었다.

한국에 들어와 내가 가장 놀란 것이 한국의 사교육 시장이다. 잠시 애들이 초등학교 다닐 때 목동에 살았었는데, 초등학교 6학년이었던 큰 애가 학원 때문에 밤 10시에 오는 것을 보고 나는 절대 한국에서 교육을 시키지 않겠다고 다짐을 했었다. 큰 애나 작은 애 모두 독일에서 국제학교를 졸업했을 때에도 소위 한국의 SKY 대학에 원서조차 넣지 말라고 했었다. 한국 교육 시스템에 나는 부정적이었기에 힘들었지만 두 딸이 독일에서 국제학교를 마치게 했고, 대학도 미국 사립 대학으로 보냈다(물론, 두 딸들이 열심히 공부해서 간 거지만). 난 두 딸들이 공부를 마치고 어떤 일을 하게 될지는 모르지만, 분명 그러한 경험을 살려 대한민국에 도움을 줄 수 있는 사람으로 성장하기를 기도한다.

2장

해외 진출하기 전 준비해야 할 기초

선진국보다 멕시코가 더 좋은 이유

갑자기 폐쇄된 뉴욕 사무소

2008년 9월, 미국의 투자 은행 리먼브라더스가 파산하면서 금융 위기가 전 세계를 덮쳤다. 나는 당시 호주 시드니에서의 6년, 미국 서부 로스엔젤레스에서 1년을 보낸 뒤, 미국 동부 뉴저지 버겐카운티 Fort Lee에 위치한 사무소에서 3년째 주재원 생활을 하고 있었다. 미국 부동산 모기지 사업을 주 사업으로 하던 리먼브라더스의 급작스런 파산으로 미국의 경제가 급속도로 악화가 되는 상황이 벌어졌다.

당시 본사에서는 뉴저지 포트리(Fort Lee)에 신설된 뉴욕 사무소를 폐쇄하라는 지침이 떨어졌다. 신설 뉴욕 사무소 소장으로 부임한 지 3년 정도 되었을 시점이었다. 신설 사무소에 채용한 인력을 해고시키고, 미주 본부가 있는 LA로 다시 돌아오라는 지침이 떨어졌다.

어렵게 신설 사무소를 세팅하느라 고생한 미국 현지 직원들을 다시 내보려니 눈물이 앞을 가렸다. 도저히 나로서는 이 상황을 전달할 자신이 없었다. 그러나 책임자로서 악역을 맡을 수밖에 없는 상황이었는데, 직원에게 통보하라고 한 데드라인 날, 직원들을 회의실에 모두 모이라고 한 뒤, 오늘부로 뉴욕 사무소는 폐쇄하고 전 직원은 회사를 떠나야 한다고 말을 하고, 컴퓨터는 지금 회수한다고 발표했다. 나도 모르게, 내 눈에는 눈물이 고였다. 정말 고통스러운 순간이었다. 직원들을 해고시키는 일이 이렇게 고통스러운 것인지 그때 처음 알았다. 직원들 중에는 독신자도 있었지만, 가족을 부양해야 하는 가장들도 있었는데, 이 해고 통보를 내가 해야 한다니….

미국은 이런 경우, 직원들에게 통보만 하면 법적으로 문제가 없으니 회사 입장에서는 좋다고 봐야 할지 모르겠으나, 당사자들에게는 새로운 직장을 찾아야 하는 상황이 되어버렸으니 당시 사무소장으로서 정말 마음 고생이 많았다. 특히 코네티컷주 뉴헤이븐에서 멀쩡한 직장을 잘 다니던 직원 한 명은 나를 믿고 뉴저지로 이사까지 왔는데 갑작스럽게 해고 통보를 받았으니, 그 심적인 고통이 어떠했을까 짐작이 간다.

벌써 15년이 지난 지금도 당시만 생각하면, 너무 가슴이 아프고, 그때 직원들은 어떻게 잘 살고 있는지 궁금하다.

멕시코를 택하다

이렇게 폭풍 같은 며칠을 보내고, 뉴욕 사무소에는 나 혼자 남게 되었다. 집기 정리, 사무실 계약 정리 등을 하고 다시 미주 본부가 있는 로스엔젤레스로 돌아갔다. 정식 인사 발령이 나지 않아 가족들은 뉴저지 크레스킬 집에 놔둔 채 나 혼자 로스엔젤레스에서 일하던 중 미주 본부장은 다시 LA로 이사 올 것을 지시했지만, 본사 정식 발령이 나지 않아 이러지도 저러지도 못하는 상황을 몇 주 보내게 되었다.

그런데, 본사 담당 임원이 멕시코 관할 시장의 경쟁사 대비 매출이 너무 뒤처지니, 나보고 멕시코로 갈 수 있냐는 의견을 물어왔다. 물론, 회사의 인사권자가 가라고 하면 가는 게 조직의 룰이지만, 나에게 의견을 물어보는 것을 고맙게 생각했다. 그간 호주 시드니, 미국 LA, 미국 뉴저지 등 남들이 한 번도 가기 힘든 갑 중의 갑 주재원 생활을 한 나로서는 남들이 좀 꺼리는 멕시코를 다녀오고 싶은 생각이 불현듯 들었다. 그래서 가족에게는 상의조차 하지 않고, “네, 멕시코로 부임하겠습니다”라고 상사에게 말씀드렸다.

이후 인사 명령은 일사천리로 진행되어 멕시코 지사장으로 발령이 났다. 그러고 나서 옆지기(아내)에게 이야기를 하니, 그곳은 고지대에, 지진도 많고 특히나 납치가 빈번하며, 사망 사고도 많이 나는 곳이라고 했다. 입 밖으로 말을 꺼내지는 않았어도 실망하는 분위기를 감지할 수 있었고, 왜 굳이 멕시코를 택했느냐는 눈치도 엿보였다. 게다가 친하게 지내던 주재원 부인들한테 이야기를 하니, 미국, 그것도 뉴욕에서 살다가 어떻게 멕시코로 가냐며 남편만 보내라고 했단다…….

당시 두 딸들은 초등학교 4학년, 1학년이었고, 미국 동부에서의 학교생활에 너무나 만족을 하며 다니고 있었기에 딸들의 반발이 가장 심했다. 한창 친구들과 학교생활에 재미가 붙은 큰애가 특히 불만이 더 심했다. 둘째야 1학년이었으니 뭘 알지도 못하는 상황이었고, 큰딸은 너무 잦은 전학에 친구들과 헤어지는 것이 너무 싫다고 울면서 이야기를 했다. 아빠로서 너무 미안했다. 일단 멕시코로 가족을 데리고 갈지는 결정하지 못하고, 나 먼저 신규 부임지인 멕시코시티행 비행기를 탔다.

석 달이 지나자 멕시코가 보였다

낡은 JFK 공항에서 비행기를 타고 멕시코시티 공항에 도착하니, 나의 첫 감정은 "어! 멕시코 시티 공항이 뉴욕 JFK 공항보다 더 좋네"였다. 공항에는 멕시코 지사 직원들이 마중 나와 있었다. 그들은 반갑게 인사를 건네며 이런저런 이야기를 해주었다. 차를 타고 공항을 벗어나 100미터쯤 달렸을 때 '헐, 이거 잘못 왔다'라는 현실감이 내 머리를 때렸다.

백두산보다도 높은 고지대에 위치한 멕시코시티……, 일단 그냥 불편했다. 숨 쉬는 것부터가 힘들었다. 그리고 빈민가를 연상케 하는 주택들이 즐비했다. 호주와 미국에서 보던 그런 풍경이 아니었다. 정말 가족들은 미국에 놔두고 내가 뉴욕까지 2달에 한 번씩 왔다 갔다 하는 게 낫겠다는 생각을 했다.

도착해서 하루 이틀 동안 멕시코에 대한 상황을 직원들로부터 전해 들어보니 생각했던 것보다 훨씬 치안이 위험했다. 납치와 살인 사건은 수시로 일어난다고 하니, 가족은 그냥 미국에 놔두어야겠다는 생각은 더 깊어갔다(물론, 이중생활로 인한 추가 비용은 내가 감당하겠다고도 생각했다).

그러기를 1달, 2달, 3달이 지났다. 그런데, 왠지 멕시코와 멕시코 생활의 좋은 점이 보이기 시작했다. 물론 가족들은 3달이 지나고 새로운 학기가 시작되면 멕시코로 오기로 되어 있었지만, 두 딸들을 설득해야 하는 건 아빠인 나의 몫이었다.

그때부터 나는 가족을 설득하기 시작했다. 3달을 혼자 생활하다 보니, 아빠인 나, 엄마, 두 딸들에게 멕시코가 줄 수 있는 좋은 점들이 보이기 시작한 것이다. 먼저, 나는 멕시코 지사장으로서 미국 뉴욕 사무소장 때 타던 차보다 훨씬 좋은 차를 제공받는 조건이었고(남자들은 차가 중요하다), 현지 직원들의 숫자도 더 많으니 사무실 근무 환경이 더 좋았다.

엄마인 아내 입장에서는 살게 될 집이 저택 수준으로 업그레이드되는 점이 장점이었다. 멕시코에서는 그동안 살아왔던 시드니, LA, 뉴저지에서의 집보다 훨씬 크고 좋은 아파트에서 살 수 있었다. 화장실만 5개였고 방도 5개, 아파트에는 수영장, 영화관, 피트니스, 탁구장, 놀이터 등 모든 시설이 다 갖춰져 있었다. 이는 멕시코가 치안이 좋지 않다 보니 치안이 좋은 아파트는 대부분 이런 시설들을 자체적으로 갖춰 놓았기 때문이다. 그리고 입주 가정부인 무차차(스페인어로 'girl')를 상상할 수 없는 저가로 고용할 수 있다는 점도 큰 장점이었다. 어떤 집들은 밥하는 무차차, 청소하는 무차차 등을 따로 두는 경우도 있었다.

애들 입장에서는 미국의 공립학교보다도 훨씬 시설도 좋은 ASF(American School of Foundation)에 다닐 수 있다는 것이 무엇보다 좋았다. 역사도 상당히 깊고, 멕시코시티에 주재하는 외교관 자녀들, 지상사 주재원 자녀들 그리고 멕시코 거부들의 자녀들, 당시 멕시코 대통령 칼데론의 자녀들도 다니고 있었다(이는 장단점이 있다고 생각하지만, 그래도 장점이 더 많다고 생각한다). 거기다가 멕시코는 천혜의 관광지가 많은 곳이라, 가족들과 여행을 많이 다닐 수 있을 거라 생각하고, 옆지기와 애들하고 통화할 때마다 이런 장점들을 오기 전부터 들려주었다.

두 딸이 가장 좋아하는 나라가 되다

결론부터 말하자면, 멕시코는 이제 우리 가족이, 특히 두 딸들이 가장 좋아하는 나라가 되었다. 멕시코 아카풀코, 로스 카보스, 칸쿤, 인근의 쿠바, 코스타리카 등 가족들과 여행한 곳이 너무 많아 두 딸들은 멕시코에서의 생활이 가장 좋았다고 지금도 이야기하곤 한다.

멕시코에 살 때가 애들도 초등학생 시절이어서 공부에 대한 부담도 없던 시기라, 시간만 되면 여행지의 '올 인클루시브 리조트(All inclusive Resort: 리조트에 머무는 기간 동안 숙박을 비롯한 식사와 음료 등이 다 포함된 것)'에 가서, 애들과 수영을 하며 보냈는데, 이 기억 때문인지 성인이 된 지금도 틈만 나면, 멕시코에 가자고 한다. 당시 멕시코의 이런 리조트는 가격이 그리 비싸지 않았던 걸로 기억이 난다. 그래서 시간만 있으면 애들을 데리고 멕시코의 유명 관광지를 다녔기에 나 또한 멕시코에 대한 그리움이 많이 남아 있다.

멕시코에 머물던 시절, 딸들 친구집에 생일 파티 등으로 초대를 받아 가보면, 정말 상상할 수 없는, '멕시코 부잣집이 이렇구나' 싶게 입이 딱 벌어지는 경험을 할 수 있었던 것도 멕시코가 주었던 큰 재미이자 경험이었다. 여러 차례 거부의 집을 가족 초대를 받아 방문했는데, 거실에 수영장(집 마당이 아니라 거실에 실내 수영장)이 있고, 주택에 엘리베이터와 에스컬레이터가 있는 집도 있었다. 솔직히 그런 집을 처음 가본 나도 '이런 세상이 있구나' 하는 충격을 받은 기억이 새삼스럽다.

한국도 성북동, 평창동에 이런 집이 있는지 모르겠지만, 평범한 직장인이 멕시코 최상류층 사람들과 어울리고, 애들 이야기를 하며 보낸 시간은 아이들뿐만 아니라 부모인 나로서도 아주 특별한 경험이었다. 지금도 두 딸들은 이때 사귀었던 친구들과 소통을 하며 잘 지내고 있는데, 틈만 나면 멕시코에 다시 가겠다고 한다.

젊은 사람들은 선진국만 선호하는 경향이 있는데, 멕시코, 브라질, 남아공, 인도네시아, 말레이시아, 태국과 같은 나라에 나가면, 선진국에서 경험해볼 수 없는 상류층의 삶을 누려볼 수 있다. 브라질도 멕시코와 비슷한 환경이고 인도네시아, 말레이시아, 태국 같은 아시아 주재원 생활도 한국에서의 삶보다 훨씬 편안한 경험을 한다고 한다. 아시아 나라들의 경우도 멕시코의 무차차와 같은 식모들을 1~3명씩 고용하며 생활을 하니, 주재원 부인들은 주재원 생활이 끝나면 한국으로 귀국을 거부하고, 현지에 남자고 남편을 설득하는 부인들이 많다고 한다. 난 지금도 선진국만 나가려고 하는 젊은 청년에게 멕시코와 같은 나라에서 멋진 도전과 꿈을 펼쳐보라고 하고 싶다.

온 가족이
다 가라

혼자 가는 주재원이 되지 마라

내가 처음 해외 주재원으로 나갔던 2000년 당시만 해도, 해외 주재원들은 몇몇 대기업 위주였었다. 2010년 이후부터는 대기업뿐만 아니라, 중견/중소 기업들의 해외 진출이 급증하여, 해외 주재원들이 증가하였다. 특히, 중국, 베트남, 태국, 캄보디아, 멕시코, 브라질의 현지 공장을 건설하여 파견 인원의 수요가 많아졌다. 내가 대기업에서 직장 생활할 때도 북미, 유럽, 호주 등 선진국의 주재원으로 나가길 원했지, 중동, 중남미, 아프리카 등으로의 파견은 그리 인기가 없었다. 그렇기에 소위 말하는 후진국 파견이 결정되면, 혼자 단신으로 부임하는 경우도 많았다. 요즘에도 그런 경우가 많다고 하기도 하고, 후진국으로 발령이 나면 사표를 쓰는 경우도 있다고 한다.

해외 주재원으로만 20여 년 생활한 나로서는 단신 부임하는 경우는 회사가 비용을 줄이기 위해 단기/단신 파견하는 경우가 아니라면 온 가족이 나가라고 강력 권유한다(물론, 맞벌이가 많은 최근에는 어쩔 수 없이 단신 부임하거나 애들만 데리고 가는 경우도 많다). 다행히 집사람은 초등학교 교사라 휴직에 있어서 다른 어떤 직장보다도 유연성이 많아서 직장을 그만둘 일은 없었으나, 최근에는 교육법이 달라져 한 직장에서 두 번인가밖에 휴직을 못 하는 것으로 바뀌었다고 한다.

딸들은 호주에서 태어나서 미국에서 어린 시절을 보내서 한국어보다 영어가 편한 애들이지만, 엄마는 한국어를 가르치는데 많은 시간을 할애했다. 주말에 운영하는 한글 학교를 꼭 보냈고, 집에서도 한글 책을 많이 읽혔다. 이후 멕시코에 살면서 스페인어를, 독일에 살면서 독일어를 공부하면서 4개 언어를 하게 되었다. 어린 시절에 배운 외국어는 스펀지처럼 쉽게 받아들일 수 있다. 20대만 되어도 외국어 배우기가 어렵지만, 어린 시절에 외국어를 접하는 환경을 만들어주면 쉽게 배울 수 있게 된다. 가족이 있는데 혼자 부임하게 되면 아무래도 식사도 제대로 못 하는 경우도 많고, 또 카지노 등에 자주 가는 사람도 여럿 봤다. 이런 경우가 많아서였던지, 내가 첫 해외 부임지로 나갔을 2000년도에는 당시 해외영업 담당 임원께서는 독신자는 해외 발령을 내지 못하도록 했었다. 그래서 노총각으로 있던 나도 만난 지 2달 만에 프로포즈하고, 4달 후에 결혼하고, 결혼 2달 후에 호주 시드니로 나갈 수 있었다.

해외 나가기 전 이런 것을 준비하자

자녀가 있는 경우라면, 자녀들의 교육적인 측면을 고려했을 때도 선진국은 선진국 나름대로, 후진국은 후진국 나름대로 장점이 있다. 통상 선진국 중에서 영어권의 나라는 보통 공립학교를 보내지만, 비영어권 중 선진국(독일, 프랑스, 스페인, 이태리 등)은 현지 국제학교를 보내거나 현지 공립학교를 보내도 되고, 후진국은 대부분 국제학교나 사립학교를 보내게 된다. 현지에서 나름 상류층들이 다니는 학교를 보내는 경우가 대부분이라 교육적인 측면에서는 일장일단이 있다.

애들의 경우에는 호주, 미국 등 영어권 나라에서는 공립학교를 다녔고, 멕시코에서는 미국학교인 ASF(American School of Foundation), 독일에서는 국제학교인 프랑크푸르트국제학교(Frankfurt International School)를 다녔다.

특히 배우자는 나가기 전에 한국에서 현지 교육 시스템 등을 숙지할 것을 추천한다. 물론 아빠도 숙지해야겠지만, 아무래도 애들에 대한 교육은 아내들이 우선이다 보니 아내의 역할이 크다. 외국도 한국에서와 비슷하게 애들을 케어하고 학교 선생님과 상담하는 일 등은 엄마 몫이 크다. 따라서 이와 관련된 준비는 미리 하고 갈 필요가 있다.

부모가 가장 먼저 결정해야 하는 일은 어느 학교를 선택할지 정하는 일이다. 아메리카 대륙의 경우 미국식 학교를 선택할 것인지 영국식 학교를 선택할 것인지, 또 한국 학교가 있는 나라의 경우(일본이 대표적이다) 한국 학교를 선택할 것인지 현지 학교를 선택할 것인지를 부임 전에 공부하고 가는 걸 적극 권유한다. 그리고 선진국의 경우에는 그 나라에서 필수적으로 맞아야 하는 예방 접종 기록도 준비해서 학교에 제출해야 하니, 이러한 것들은 엄마가 꼼꼼히 준비해야 할 것이다.

아이들은 몇 학년으로 전학을 가는지에 따라 공부해야 할 책들(수학, 과학)을 준비해야 하고, 또 제2외국어 선택에 따라 공부할 책들도 미리 준비해서 갖고 가면 좋다. 영어가 더 편한 우리 애들도 한국의 학생들이 필수적으로 공부하는 수학 참고서인 《수학의 정석》을 준비해 갔다.

아빠인 나의 경우에는 현지 국가의 역사책을 미리 사서 읽거나, 최소한 《먼나라 이웃나라》의 해당 국가 편을 정독하고, 인터넷 등 구할 수 있는 정보들을 총동원하여 충분히 궁금한 사항들을 사전에 숙지했다.

후진국으로 나가는 주재원들은 현지 국가의 역사책을 구하기가 쉽지 않을 수도 있으나, 요즈음은 유튜브와 인터넷에 쉽게 관련 정보를 구할 수 있으니 필히 숙지하고 나가는 걸 추천한다. 그래야 비즈니스 미팅을 하거나 현지인들과의 대화에서 친근감 있게 이야기를 풀어나갈 수 있다. 그리고 나라에 따라 전기 콘센트 모양이 다르니 그 나라에 맞는 것을 준비해야 하고, 전기 헤르츠가 한국과 다른 나라도 많으니 트랜스도 준비해야 한다. 물론 이런 것들은 이삿짐 회사에서 다 준비시켜 주긴 하지만, 한국 내 이사가 아니라 국제 이사이다 보니 신경 쓸 일들이 한둘이 아니다.

이렇듯 부임하기 전에는 최소한 현지 국가에 대한 정보는 숙지를 하고 가야 도착 후 손쉽게 적응하기 수월하다.

가족과 해외 생활, 이래서 좋다

지금은 호주나 미국의 경우 한국과 상호 운전면허증을 인정해주고 있어 한국 운전면허증이 있으면 따로 시험을 칠 필요가 없으나, 당시 초창기에는 한국 면허증이 있어도 호주 운전면허증, 미국 캘리포니아 운전면허증을 현지에서 새로 따야 했기에 따느라 고생한 기억도 있다. 해외 어학연수가 꿈(?)이었던 아내는 호주에서 큰 애를 낳고 어느 정도 호주 생활에 익숙해져 있을 때, 영어 가르치는 자격증인 테솔(Tesol)을 공부해서 결국 자격증을 땄다. 이 덕분에 귀국 후 영어 전담 교사로도 일할 수 있었다.

애들은 영어와 한국어를 둘 다 구사하는 이중언어구사자(Bilingual)가 되었고, 집사람도 영어를 배울 수 있었으니 가족으로서는 해외 주재원을 하지 않았으면 얻지 못할 소중한 자산을 얻게 된 셈이다.

알다시피 독일은 독일어를 사용하는 대학이나 대학원에서 학비가 무료다. 배우자 중에는 독일어 공부를 열심히 한 후, 현지 대학원에 입학, 남편이 회사에 나가는 동안 본인은 석사 학위를 받는 분들도 여럿 보았다. 한국에서 일부러 유학 가는 경우에는 경제적인 부담도 많을 테지만, 남편이 주재원으로 나가 있는 동안 배우자는 석사 학위를 딸 수 있다면 그 얼마나 좋은 일인가?

가족과 해외 생활이 좋은 더 큰 이유는 한국에서보다 더 끈끈한 가족 간의 정을 나눌 수 있다는 것이다. 해외에 나가면, 술 좋아하거나 친구 좋아하는 아빠들도 가정적으로 될 수밖에 없다. 개인적으로 다를 수 있겠지만, 멀고 먼 외지에서 분명 가족이 최우선이 된다. 여행을 가도, 외식을 해도 늘 가족과 함께였다. 물론 요즘 신세대 부부들은 한국에 살아도 가정적인 경우가 많을 것으로 예상되지만, 나처럼 50대 중반 세대인 세대 가운데 친구 좋아하고 술 좋아하는 사람들은 주재원 초반에는 그런 생활(친구들과 술 먹는 생활)을 그리워하는 경우도 많았다.

시드니, LA, 뉴욕에 주재할 때는 무수한 기러기 가족을 봤었다. 아빠는 한국에서 많은 돈을 버는 직종이어서 그런지 한국에서 혼자 돈을 벌어 보내고 엄마와 애들만 와서 공부시키는 가정들을 많이 봤지만, 나로서는 그리 좋게 볼 수 없었다. 기러기 엄마들의 탈선이 얼마나 많았으면, 2000년대 초반에 호주 교민 신문의 사설에 '기러기 엄마들의 탈선'이라는 제목으로 글이 실리기도 했었다. 가족이 함께 있어야 해외 주재원으로 파견 나간 아빠가 일도 더 편안하게 할 수 있을 것이라 본다. 가정이 안정되어야 회사 일도 열심히 하지 않겠는가?

내 옆지기는 운동 자체를 너무 싫어해서 골프를 즐기지는 못했지만, 주위에 보면 해외에서 골프 라운딩 비용이 한국에 비해 너무 저렴해서 부부끼리 즐기는 경우를 많이 봤다. 함께 골프도 하며 가족끼리 여행도 다니고 산책도 하니, 가족 간 부부간의 사이가 끈끈해질 수밖에 없는 환경이 된다. 그리고 우스갯소리로 해외 주재원 부인들은 다시 태어나도 해외 주재원 부인이 되고 싶다는 그런 웃지 못할 이야기도 있는데, 그 이유는 시댁, 처가와도 적절한 거리 관계를 두게 되니 고부간, 장서 간의 갈등도 있을 까닭이 없기 때문이다. 나의 경우는 가족과 함께 자주 산책을 하며 두 딸들의 학교생활, 교우관계에 관한 이야기를 자주 하였다. 또 애들이 산책에 참석하지 않은 날에는 집사람과 산책을 하며 두 딸들의 고민, 학교 이야기, 입시 이야기, 시댁, 처가댁 집

안 이야기 등을 많이 하며 아빠가 가족 모두의 일에 대해 자세한 이야기를 파악할 수 있었고, 나중에 두 딸들의 미국 대학 입시에도 큰 도움을 받은 것으로 판단된다.

가족과 함께여서 가능했다

대부분 주재원 파견이 결정되면, 독신자가 아닌 이상 가족을 동반하게 되지만, 배우자의 직장 문제, 한국보다 후진국이어서 등의 이유로 단신으로 부임하는 주재원들을 가끔 보게 된다. 오랜 기간 혼자 지내야 하는 외로움으로 카지노 등 도박에 빠지는 경우도 보았고, 식사도 제대로 챙겨 먹지 못해 건강에 적신호를 보인 주재원들도 보았다. 대부분 가족을 동반하여 나가고, 또 그 가족들로 인해 많은 경험과 성과를 보인 주재원들이 훨씬 많다. 그렇기에 아주 특별한 사유가 아니라면 함께하면서, 가족과 여행도 하고 또 애들의 글로벌 교육, 특히 두 딸들이 영어, 한국어, 스페인어, 독일어를 할수 있게 된, 정말 좋은 경험이 아닌가 생각한다.

정말 우리 가족은 여행을 많이 다녔고, 평범한 직장인 아빠였지만 해외 주재원 생활을 오래 한 것이 국제학교를 다닌 두 딸들이 미국 명문 대학에 진학할 수 있었던 요인인 듯하다. 이 글을 쓰고 있는 2023년 3월은 독일에서 귀국한 지 4개월 정도 된 시점인데, 두 딸들은 모두 미국(큰딸은 동부 보스턴, 작은 딸은 서부 샌프란

시스코)에서 공부 중이고, 나는 한국에서 일을 이어가고 있으며, 집사람은 교사로 복직하여 열심히 일하고 있다. 정신없는 한국 생활에 아직도 적응 중이지만, 가족과 함께했던 시드니, LA, 뉴저지, 멕시코시티, 프랑크푸르트 생활이 너무도 그립고, 다시 돌아가고 싶은 마음이 계속 드는 건 우리가 함께했던 행복한 추억 때문일 것이다.

현지 법규, 문화를 미리 공부하고 가라

한국이 아님을 명심 또 명심하자

나의 첫 주재국은 호주 시드니였다. IMF 시기가 막 끝났지만, 2000년 말에는 정부, 회사, 가계 모두 긴축의 시기였다. 시드니로 간다는 말도 있었고, 카이로 지사로 간다는 말도 있었지만, 인사발령 발표 당일에서야 해외영업기획 팀장님은 나에게 전화로 살짝 호주로 곧 인사발령이 날 거라고 귀띔을 해주셨다.

대리를 단 지 얼마 되지도 않았는데 꿈에 그리던 영어권 나라인 호주 인사발령이 나자마자 축하 인사를 받은 기쁨도 뒤로하고, 난 그날 광화문 교보문고로 가서 호주와 뉴질랜드 관련 책들을 몇 권 구매했다. 내 관할 국가가 뉴질랜드까지 포함되었기에 두 나라를 철저히 공부할 심산이었다.

호주와 뉴질랜드의 역사책과 여행책《세계를 간다》호주 편과 뉴질랜드 편을 샀다. 대리 1년 차였던 나로서는 전임자와의 통화를 통해 하나씩 하나씩 비자와 함께 준비를 해나갔다. 주재원은 현지 법인/지사의 영업뿐만 아니라 관리, 회계, 총무 등 본사에서는 각 팀들이 하는 일들을 법인장 밑의 직원으로서 일을 해야 했기에 준비할 것들이 한둘이 아니었다.

그런데 현지에 나가면 운전이 필수이기에 당연히 해야 했는데, 당시 호주는 한국과 운전면허 교차 승인국가가 아니어서 한국 운전면허증은 인정이 안 되었고, 국제면허증도 3개월까지만 유효했기에 3개월 안에 호주 운전면허증을 따야 했다. 알다시피 호주는 영국, 일본과 같이 운전대가 오른쪽에 있고, 차도도 왼쪽 차선으로 운전을 해야만 한다. 운전을 19살부터 했음에도 오른쪽 핸들과 왼쪽 차선으로 운전하는 건 혼동이 되어, 부임 후 6개월가량은 나도 모르게 오른쪽 차선으로 달린 적도 있었다. 집사람 역시 한국에서 운전을 했음에도 호주 운전면허 시험을 한 번에 통과하지 못해 무척 고생을 했었다.

그리고 호주에서 차를 구매하기 전 몇 개월 동안은 전철을 타고, 하숙집이 있던 린필드에서 사무실이 위치한 노스 시드니(North Sydney)로 출퇴근을 했었는데, 한국과 달리 검표를 하는 시스템이 없어, 간혹 한국인들 중에는 기차표를 사지 않고 타다가 불시 검표 검문에 걸려 엄청난 벌금(?)을 내야 했던 경우도 있었다. 호주는 매우 서로를 신뢰하는 사회여서 기차표 검표 시스템이 당시에는 없었다. 그런데 이후 많은 중동 이민자들이 들어옴에 따라 기차표를 사지 않고 타는 중동인들이 많아져서, 큰 역들의 경우에는 검표시스템을 도입했다고 들었다. 이렇듯, 현지국에 가면, 한국과 다른 점들이 많은데, 한국 방식으로 생각하면 반드시 큰코다친다.

평판 조회와 현지 노동법은 필수로 체크하라

대리 1년 차로 호주법인의 주재원으로 발령이 나서 일을 하고 있었지만, 이미 법인장님 이하 현지 직원들이 업무를 너무 잘 해주고 계셨기에 업무량은 엄청 많았지만 영업 실적도 좋아지고 있어서 몸이 고되거나 스트레스도 없었다. 그저 일이 너무 재미있었고, 아내 배 속에서 큰 애도 무탈하게 자라주고 있었다.

그러던 어느 날, 나의 업무를 도와주던 현지 한국인 여직원이 육아 문제로 회사를 떠나야 한다고 했다. 한국에서 대학을 졸업하고 유학을 와서 호주에서 교민인 남편을 만나 우리 회사에서 근무를 하던 분이었는데, 갑작스럽게 사직을 한다고 하니 너무 섭섭했다. 그러나 본인의 건강도 좋지 않고, 자녀 둘을 육아하는 게 우선이었기에 나로서는 어쩔 수 없어 떠나보낼 수밖에 없었다.

이후 그 업무를 맡을 같은 포지션의 직원을 뽑기 위해 여러 사람을 인터뷰했다. 전임자만큼 할 수 있을 것 같은 사람을 쉽게 찾지 못하다가 한국의 한 여대를 졸업하고 교민인 한국 남편을 따라 오래전에 호주로 이민 온 여성을 채용하게 되었다. 영어도 유창하고 고객을 응대하는 태도도 좋아 보였다. 그분을 채용하고 스스로 잘했다고 생각하며 지내다가 6개월쯤 흘렀을 때, 회계를 담당하던 한국계 호주 여직원과 불화가 계속됨을 알게 되었다. 회계 담당 여직원은 새로 채용한 인보이싱 담당 여직원보다 나이도 많아서 언니, 동생 하며 잘 지내는 것으로 알고 있었는데, 그게 아니었던 것이다.

새 직원은 내가 브리즈번, 멜버른, 퍼스, 애들레이드, 뉴질랜드 오클랜드, 크라이스트처치 등 출장을 갈 때마다 연차를 내곤 했는데 따지고 보니 그것도 수상쩍었고, 아픈 곳이 많다며 조퇴하는 일도 잦았는데, 이제 직원들끼리 불화까지 있다니……. 우선 회계 담당 여직원을 불러 자초지종을 듣고, 또 그 인보이싱 담당 여직원을 불러 이야기를 들어보았다.

양쪽의 이야기를 듣고 내가 상황을 판단해본 결과, 새로 채용한 여직원에게 미심쩍은 일들이 많았다. 이후에도 이런 일들이 수차례 계속되었고, 새 직원은 급하고 중요한 일도 제대로 하지 않는 상황이 계속 벌어졌다. 나는 새 직원을 불러 한국에서 하던 방식대로 호되게 호통을 치며 나무랐다. 아랫사람의 문제점을 윗사람이 지적하고 행동 수정을 강력히 요청했는데……, 그런데 이것이 화근이 되었다. 그 여직원은 내 상관이었던 법인장에게 나의 이런 행동을 보고했고, 난 그 여직원 함께 법인장님께 불려가게 되었다.

너무나 황당한 상황이 벌어져서 화가 났지만, 오히려 이럴 때 더 차분해지자 마음을 가다듬고 조목조목 그 여직원의 잘못을 지적했다. 그런데 알고 보니, 그 여직원은 나에게 호통을 당한 이후 녹음기를 휴대하고 "또 한 번만 나에게 큰소리쳐 봐라. 호주 노동 당국에 고소할 거다"라고 또 다른 직원에게 이야기를 했다고 한다. 그 말을 들으니 등골이 오싹했다. 아무리 한국 대기업의 호주법인이지만 근무지는 호주였고, 호주의 노동법을 따라야 하는 상황이었던 것이다.

그러나 우려했던 일은 벌어지지 않았다. 난 그날의 단 한 번의 호통 말고는 호주 노동법에 어긋나는 행동을 하지 않았다. 오히려 그 직원을 내보내기 위해 해당 직원이 회사 규정에 어긋나는 일을 할 때마다 경고장을 보내면서 직원을 합법적으로 해고할 수 있는 '증거'를 마련했다. 결국 호주 노동법하에서 그 직원을 조용히 내보낼 수 있었다. 직원 고용에서 내가 저질렀던 잘못은 레퍼런스 체크(Reference Check), 즉 평판 조회를 하지 않았던 점이었다. 이전에 근무한 회사의 직장 동료나 팀원들에게, 입사 대상자의 업무 성과나 성격 등을 확인하는 일을 무심코 누락시켰던 것이 결국엔 회사의 큰 손해(시간상으로도 감정노동과 기회비용 차원에서도)로 돌아왔던 것이다. 이때부터 직원 채용을 할 때는 '평판조회'를 반드시 했고, 또 현지의 노동법을 철저히 숙지하고 이행하는 데 만전을 기했다.

직장 내에서 성희롱은 조심 또 조심한다

최근 한국에서도 직장 내 성희롱 이슈가 심심찮게 회자되곤 한다. 2007년, 나는 호주에서 만 6년 근무(2000년~2006년)를 마치고 광화문에 위치한 서울 본사에서 10개월 근무한 뒤 미주 본부로 부임하게 되었다. 미주 본부는 회사 내 가장 커다란 해외 조직이라 근무 인원도 타법인/지사보다 몇 배는 많았고, 본사 직급 임원이 2명이나 파견 나와 있었다. 직원이 많다 보니 바람 잘 날이 없다고 자주 여러 사건, 사고가 일어나곤 했다. 특히 직원들 간의 시기 질투가 많아 이를 풀기 위한 회식 자리도 자주 갖곤 했다.

그런데 이런 회식 자리에서 사고가 났다. 까불까불한 한국계 미국인(미국에서 중학교, 고등학교, 대학교를 졸업한 1.5세대)이, 아프리카계 미국인(African American)에게 성희롱을 하게 된 것이다. 그 여직원은 그 남성 직원을 고소하게 이르렀고, 회사 또한 이 상황을 풀기 위해 여러 노력을 하였으며, 결국 금전적으로도 손실을 입게 되었다. 이후 회사는 직장 내 성희롱에 대한 교육을 철저히 했지만, 사전에 방지할 수 있었던 일이라는 점에서 무척 아쉬움을 남긴 사건이었다.

한국은 1990년대만 해도 성희롱에 대해 그 심각성이 덜했으나 2000년대 이후 미국, 유럽에서와 같이 직장 내에서 매우 중요하게 다루어져야 할 문제가 되었으니 회사도 철저히 교육을 해야 하겠고, 직원들 각자도 관련 사항들을 잘 숙지하도록 해야 한다. 성희롱 문제는 미국이나 유럽 등 선진국에서는 특히 조심 또 조심해야 하는 부분이니 아무리 신중해도 지나치지 않음을 명심해야 한다.

한국과 미국의 다른 점을 극명하게 느낀 또 다른 일화도 있다. 한 번은 그룹 회장님이 미주 본사를 방문해 전 직원들을 좋은 식당으로 초대했다. 다 함께 식사하면서 직원들을 독려하는 자리로 마련한 것이라 나는 당연히 미국 현지 직원들이 기쁜 마음으로 참석하리라 생각했는데, 다음 날 모든 직원들이 식사 자리에 대해 연장 근로 근무 수당을 청구했다. 그때 그 모습을 보고 '아…, 이것이 미국이구나'라고 생각했다. 미국 노동법은 당연히 합법적으로 연장 근로 근무 수당을 지급해야 하므로 이들로서는 자연스러운 일이었다. 한국에서 그룹 회장이 임직원들 격려 차 저녁을 사주는데, 다음 날 연장 근로 근무 수당 신청할 수 있는 사람이 몇이나 될까? 문화의 차이를 격하게 느낄 수 있는 순간이었다.

로마에 가면 로마법을 따라야 한다

나라마다 교통법, 의료법, 교육법, 노동법 모두 다르다. 해외에 처음 나가는 주재원들은 한국에서 오랫동안 생활한 습성에 따라 한국식으로 생각하고 행동한다. 현지에서 교통법규를 어겨놓고 경찰서에 붙들려가 한국은 안 그렇다고 해본들 "나는 바보입니다"라고 말하는 것과 같다. "로마에 가면 로마법을 따라야 한다"는 속담은 해외 주재원들에게는 금과옥조와 같은 말이다.

나는 현지에 나가면, 무조건 '나는 현지인이며 현지 국민이다'라는 생각을 하며 생활했다. 독일에 주재할 때는 인근 스위스, 오스트리아, 체코, 폴란드 프랑스, 네덜란드, 이탈리아 등으로

차를 몰고 다닐 때가 많은데 같은 EU 국가라 하더라도 제한속도, 주차 등도 다른 곳이 많기에 주의를 해야 한다.

의료 체계도 한국의 경우에는 아픈 부위의 전문의를 곧바로 찾아가지만, 호주, 미국, 독일의 경우에는 아프면 가정의를 먼저 찾아가 검진한 뒤 안과나 정형외과 등 가정의의 의견에 따라 전문의를 찾아간다. 외국에 나가면 아프지 말아야겠지만, 병원에 갈 일이 생길 수밖에 없는 경우를 미리 준비하는 것이 좋다. 현지에 가서 현지법과 현지 문화에 어두워 손해 보는 일이 없도록 철저히 준비해야겠다.

살 집을
잘 선택하라

최소 1~2년은 렌트를 하라

인간에게는 의식주가 가장 중요하다. 그중에서도 주(住)가 갖는 중요함은 이루 말할 수 없다. 한국에서도 어느 지역에서 살지, 주택에서 살지, 아파트에서 살지, 빌라, 주상복합 등에서 살지 많은 고민을 하게 된다.

하물며, 여행이 아닌 최소 4~5년 또는 그 이상을 외국에서 살려는데, 집을 선택한다는 건 매우 중요한 일이 아닐 수 없다. 물론, 대기업처럼 예전부터 현지에 법인이나 지사가 개설되어 있어 후임자로 가는 경우에는 전임자들에게 많은 정보를 듣고 선택할 수 있기에 위험부담이 현저히 떨어지게 된다. 하지만 신설 법인/지사로 나가게 되는 주재원이나, 현지 사업을 위해 나가게 되는 분들의 경우에는 어느 지역이 좋을지, 어떤 종류의 집에서 사는 게 좋을지 선택하기가 쉽지 않다.

내가 처음 해외주재원으로 나갔을 당시인 2000년도에는 지금처럼 인터넷이 발달되어 있지도 않았고, 정보를 구하기도 매우 어려웠던 시절이었다. 지금도 기억나는데, <시드니모닝해럴드(Sydney Morning Herald)> 부동산 면에 나온 렌트 정보를 보고 매주 토요일에 집을 보러 다녔던 기억이 새삼스럽다. 전임자로부터 집을 물려받지 않고 내가 새로 구해야 했기에 주말을 이용했던 것이다. 주재원 초창기 나는 주말이면 집 보러 다니랴, 운전면허 시험공부 하랴 눈코 뜰 새 없이 바쁘게 보냈다.

나의 경우에는 첫 번째 부임지였던 호주 시드니에 대한 환상이 너무 커서 집이 매우 훌륭할 것이라 예상했다. 당시 회사에서 지원받는 렌트비 한도 내에 있고, 사무실에서 30분 거리 내에 있는 집을 구하려고 매주 봤는데, 의외로 방 개수도 적었을 뿐만 아니라, 이웃 사람들도 인도계 또는 레바논 이민자들이 대부분인 아파트 내지는 빌라(호주에서는 유닛이라고 부른다) 뿐이었다.

그래서 사무실과 30분 내의 지역 말고 좀 더 외곽지역인 대신 방도 많고 백인 거주 지역으로 동네를 선택했는데, 그 지역 내에도 내 마음에 쏙 드는 집은 없었다. 집사람이 시드니로 올 날은 곧 다가오고 있고 해서 어쩔 수 없이 적당한 선에서 타협을 하기로 했다.

일단 학군 좋고, 안전한 동네가 최우선 조건이어서 킬라라(Killara)라는 동네를 선택했다. 다만, 킬라라는 좋은 동네지만, 재정적인 면을 고려하여 퍼시픽 하이웨이(Pacific Hwy) 길 옆에 위치한 유닛을 선택했다. 주로 백인 할아버지 할머니들이 사는 유닛이었는데, 그럼에도 회사가 규정한 한도보다 월 ASD 450을 초과한 집을 계약하고 말았다. 시간이 급했고, 1~2년 정도 살면서 보다 시간을 갖고 집을 구하려고 마음을 먹었기에 선택한 집이었다. 주위 사람들도 그렇게 하라고 권유는 했지만, 할 수만 있다면, 처음 구한 집에서 주재 기간 끝날 때까지 사는 게 가장 좋을 것 같긴 하다. 왜냐하면 이사 비용도 만만치 않고(당시 내가 몸담고 있던 회사에서는 현지에서 이사하는 비용은 개인 부담이었다), 또 전화, 전기, 인터넷 설치를 새로이 하는 것도 만만치 않을 일이었기 때문이었다.

이런 경험 때문인지, 시드니 이후 LA, 뉴저지, 멕시코시티,

독일 프랑크푸르트 부임 시에는 중간에 한 번도 이사 가지 않고 늘 첫 집에서 살았었다. 그러나 요즘에는 웬만한 대기업은 주재 기간 중 한 번은 이사 비용을 지원해준다고 하니, 회사 규정도 잘 살펴서 결정을 하면 좋을 듯하다.

시끄러웠던 첫 번째 집, 그러나 좋은 이웃을 만나다

집을 계약하고, 이삿짐이 들어오고, 하루 이틀 살아보니 장단점들이 보이기 시작했다. 특히 퍼시픽 하이웨이 도로 바로 옆에 위치한 유닛이라 차량의 소음이 너무 심했다. 첫째를 가진 아내를 위해 좀 아늑한 집을 구하려고 했는데, 예산 등으로 그러질 못해 미안했다. 방도 침대방 1개와 스터디 룸 1개, 부엌과 거실이 있고 화장실도 1개뿐이었다. 마루는 대리석이나 나무가 아니라 오래되고 낡은 카펫이었다. 곧 태어날 아기에게는 좋지 않은 조건이었다. 너무 급하게 구하느라 정착할 지역에만 몰두하다 보니 정작 집 선택에 소홀했던 것이다.

그러나 이미 계약은 마무리했고 이사까지 온 상태라 어쩔 수 없었다. 혹시 한국에서 부모님이나 장인 장모님, 그리고 형제들이라도 오면 잘 방도 마땅치 않아 거실에서 자야 하는 상황이었다. 그래서 계약 기간인 2년만 살고 다른 곳으로 이사 가기 위해 이사 온 날부터 토요일이면 자주 집을 보러 다녔다. 호주의 집들을 보는 재미도 있었을 뿐 아니라 주택을 보는 안목도 기르기 위함이었다.

특히 첫 번째 집은 심한 소음에 거실은 서향이라 여름에는 정말 찜통이었다. 아시는 분들은 아시겠지만, 호주의 오래된 유닛에는 에어컨 설치가 되어 있는 집이 거의 없다. 여름이면 에어컨 빵빵하게 나오고, 겨울에는 난방 시설이 잘 되어 있는 한국 아파트에 비해 호주 시드니의 집은 정말 시골스럽다.

이렇게 단점이 많았지만, 사는 분들은 호주 백인 노인들이 대부분인 유닛이라, 낯선 동양인 젊은 부부인 우리에게 매우 상냥하게 대해주셨다. 특히 한 할머니와 집사람은 매우 가까워져 그 분에게 영어도 배우고 호주의 문화에 대해서도 많이 배웠다. 또 큰 애가 태어나고부터는 우리 부부 모임이 있을 때 애도 봐주시곤 하셔서 너무 행복했다.

첫 번째로 외국에 나가서 살게 된 집이라서인지 지금도 다시 가고픈 생각이 들지만, 심한 소음, 서향, 주차 불편 등 여러모로 아쉬운 점이 많은 집이라 결국 만 2년 만에 고든(Gordon)이라는 옆 동네로 이사를 가게 되었다.

아늑한 집에서 두 번째 터전을 잡다

두 번째 집은 신중하게 골랐다. 현지에서 많은 사람도 알게 되고 그로 인해서 다양한 정보를 얻게 되니 이제는 정말 제대로 살고 싶은 동네, 살고 싶은 집을 찾았고, 그 집이 나오길 기다렸다. 첫 번째 집 동네인 킬라라 바로 옆 고든 세인트 존스 에비뉴(Gordon. St. Johns ave)를 따라 큰 주택들이 즐비해 있는 동네의 맨 마지막 길에 위치한, 타운하우스와 유닛 단지가 있는 곳이었다.

우리가 점 찍어둔 단지는 보안도 좋고 단지 내에 파티룸과 테니스 코트, 수영장 등이 있었다. 그러다 보니 워낙 인기가 많아 삼성, 포스코, 코트라 등의 주재원들이 많이 살고 있었는데, 그들이 임기가 끝나 귀국하면 대부분 후임자가 인계받고 들어가기에 렌트로 나오는 집이 많지 않았다. 그러던 어느 날, 고든의 부동산으로부터 전화가 걸려왔다. 내가 찾고 있는 타운하우스에서 렌트가 하나 나왔는데 빨리 계약하라는 이야기였다. 근무 도중에 상사에게 잠시 자리를 비우겠다고 허락을 받고, 집을 본 다음 그날 바로 계약을 해버렸다. 첫 번째 집보다도 더 비쌌지만, 당시 실적도 좋고 또 그동안 타사에 비해 내가 몸담고 있던 회사의 집 한도가 너무 낮아서 법인장께서 본사에 특별 요청을 하여 집값 한도를 현실성 맞게 인상을 해주었다. 개인적으로 추가로 내는 돈도 없어서 나로서는 너무 감사했다.

원하는 집으로 이사를 오니 내 마음도 편했다. 큰 애 유치원도 바로 집 근처였고, 그 동네에 적당히 한국 주재원들도 있어서 집사람이 심심하지가 않았다. 그러니 나는 보다 더 회사 일에 집중할 수 있었다. 회사의 실적도 매월 더 좋아지고 있었다. 그때 바로 옆집에 살던 호주 할아버지 필립은 오후만 되면 새들을 불러 모으는 특별한 재주를 부리곤 했는데, 그 장면이 지금도 따뜻한 기억으로 남아 있다. 앞집에 살던 포스코 주재원 선배를 비롯해 같은 단지 내에 살던 코트라 주재원 가족들과 저녁에 야외 BBQ 파티를 열며 좋은 추억을 많이 쌓았던 일 역시 즐거운 추억으로 남아 있다. 이 모든 경험이 좋은 동네, 좋은 이웃들 덕이라 생각한다. 당시 인연을 맺었던 이웃들과는 한국에 돌아와서도 계속 만남을 이어오고 있다.

호주에서 부동산 안목을 키우다

1997년 IMF 시절, 한국의 경제 상황은 불확실성 그 자체였다. 금리는 급격히 올라 18%, 20%까지 치솟는 상황이 벌어졌고, 언론에서는 더 이상 부동산은 끝이라고 했다. 모 대기업 경제 연구소의 연구원은 절대 집을 사지 말라는 말을 호언장담하듯 하던 시절이었다.

나는 한국에서 결혼한 후 전세를 살다가 2달 만에 얼떨결에 호주로 오는 바람에 한국에 집을 살 시간도, 기회도 없었다. 당시 집사람은 전세를 끼고 서울 아파트를 사 놓고 가자고 했는데,

나는 '부동산은 이제 끝이야'라고 하며 아내의 말을 듣지 않았다.

그 후 IMF 여파가 지속될 줄 알았는데, 2001~ 2002년 시기 서울의 아파트 가격이 계속 올라가기 시작했다. 그 경제 연구소 연구원은 일시적인 거라 하며 절대 집을 사지 말라고 계속 장담하고 있었지만, 아파트 가격은 오르고 있었다. 거기에 같은 단지 내에 살던 코트라 주재원과 모 회계법인에서 파견 나온 주재원들은 휴가를 내어 한국에 가서 집을 사 놓고 돌아오곤 했다. 당시 나는 집을 사러 잠시 귀국할 엄두도 내지 못했을 뿐만 아니라, 어린 큰 애와 둘째를 배 속에 가진 집사람을 혼자 놔둘 수도 없어서 설사 관심이 있다 해도 아파트를 사러 한국에 들어올 수가 없었다.

결국 시간이 더 흘러 2006년이 되었다. 그러자 서울의 집값은 내가 시드니로 나올 때였던 2000년도에 비해 터무니없이 가격이 올라간 상태였다. 당시 언론에서는 강남, 송파, 목동, 분당, 일산, 평촌 용인 등을 버블 세븐이라는 이름으로 부르며 가격 급등 지역으로 지목했다.

월급쟁이로 아무리 안 쓰고 저축해도 모을 수 없는 가격으로 올라간 서울 아파트. 그래서 나는 뒤늦게 호주에서 부동산 공부를 하기 시작했다. 그리고 결국 용산 동부이촌동의 20평대를 4

억 원에 구매했다. 당시 목동의 20평대가 7억 8천만 원인가 했는데, 내가 산 동부이촌동 아파트는 그에 비하면 매우 저렴해서 큰 무리가 없었다. 이후 더 넓은 평수로 갈아탄 다음 지금은 한강변에 40평대 아파트를 소유하게 되었다.

당시 목동보다 저평가된 용산의 아파트를 산 이유는 간단했다. 해외 주재원으로서의 첫 번째 경험을 호주에서 해서 뷰에 대한 가치를 남들보다 일찍 알게 된 덕이다. 그래서 한강뷰 아파트를 남들보다 이른 시기에 저가로 구매할 수 있었던 것 같다. 호주 시드니에서 주말마다 오픈하우스(Open House)를 찾아다니며 부동산에서 일하는 사람들로부터 많은 정보를 얻었던 것이 큰 도움이 되었다고 할 수 있다. 주재원 생활로 많은 걸 얻었지만, 부동산을 통한 부의 증가도 나에게는 크고 고마운 도움이라고 생각한다.

글로벌 대시
해외 진출이 답이다

3장

해외 진출
4단계
프로세스

1단계 : 생산 기지를 만들 것인가? 판매 법인을 만들 것인가?

해외 진출을 고민하고 또 포스트 중국을 고민하는 중소기업

2010년대 이후부터 많은 기업들이 해외로 진출하기 시작했고, 특히 중국과의 관계 개선으로 중국으로 진출한 기업들이 많았다. 물론 아직도 중국을 포함해 해외로 진출하지 못한 중소기업들도 많이 있다. 아직 해외로 진출하지 못한 기업들이야말로 해외 진출을 고민해야 하고, 또 중국에만 진출해 있는 기업들은 미중 패권 전쟁에 따른 중국과의 관계 소원, 그리고 중국에 대한 의존도를 탈피하기 위해서라도 타 지역으로의 진출을 고민해야 한다.

한편 이미 중국에 진출한 적이 있는 기업들은 중국 진출 당시의 경험을 살려, 동남아 특히 베트남, 캄보디아, 미얀마로 생산 기지를 옮기고 있다. 선제적으로 이전을 한 기업들은 큰 손실 없이 이전이 마무리되었으나, 그렇지 못한 기업들은 많은 손실을 보고 있는 경우도 있다고 들었다. 각 기업들은 중국이 인구가 많고 한국과 지역적으로 가까워 제2의 내수시장이라 명명하고 중국 시장에 공을 많이 들였다. 그러나 정치적인 이슈와 국제적인 이슈로 오랫동안 공을 들였던 중국 시장이 하루아침에 어떻게 될지 모르는 상황이 되어버렸다. 그리고 우리 기업들에겐 선택할 시간이 그리 많이 주어지지 않은 듯 보인다. 빠른 액션이 요구되는 시점이 아닐까 생각된다.

생산 기지를 만들어야 할 기업들

해외로 진출하지 않은 중소기업들 중 국내 내수시장의 협소로 해외에서 매출을 확대해야 하는 기업들은 지금 해외 진출에 대한 시장 분석을 통해 진출 여부를 결정해야 한다. 중소 제조기업 중에 인력 수급의 어려움을 겪고 있거나, 보다 낮은 법인세의 국가를 선택해야 할 기업들은 한국에 생산 기반을 두고 추가로 생산 기지를 만들 것인지, 아니면 한국의 생산 기지를 해외로 옮길 것인지도 고민해야 한다.

나는 최근 인천의 남동 공단에서 기업을 운영하는 사장님들,

그리고 창원, 마산, 광주, 김해, 대구 등 지방에서 기업을 운영하는 사장님들을 많이 만났는데, 모두들 높은 인건비, 필요한 인력 수급 어려움, 높은 세금 등으로 어려움이 많다는 이야기를 하셨다. 남동 공단에 직접 가보면, 한국의 젊은이들보다 오히려 동남아에서 온 노동력이 훨씬 많음을 알 수 있다.

나는 이러한 노동 집약적인 기업들은 동남아로 이전하여 경쟁력을 키우는 것이 낫다고 생각한다. 그리고 옮길 지역이 판매에 도움이 되는 시장이라면 생산기지로서의 이점뿐 아니라 시장으로서의 이점도 갖추는 셈이 되어 일석이조의 효과를 볼 수 있다고 본다.

생산 기지를 만드는 것 또한 투자이기에 자금 사정이 좋지 않은 기업들은 망설일 수밖에 없는데, 현지 금융의 조건 등을 파악하면 여러 혜택을 받을 수 있는 조건들도 많을 것이다. 과거에 부산은 신발 산업이, 대구는 섬유 산업이 호황이었다. 아직 일부 기업들이 남아 있긴 하지만, 대부분 중국으로 이전했고 그 와중에 성공한 기업들도 많다. 그리고 다시 동남아나 한국으로 리턴하는 기업들도 있다고 하던데, 이러한 경향을 아직 해외로 진출하지 않은 기업들은 반면교사로 삼아야 할 것이다.

생산 기지를 해외로 진출하려는 제조업체들은 인력 수급에 대한 면밀한 준비를 해야 한다. 운영 초기에는 대표자와 엔지니어들 그리고 자금 관리 담당자들은 한국의 본사에서 파견을 내

보내는 것이 가장 안전하다. 어느 정도 공장 운영이 궤도에 올라서면, 한국 파견 인력들 중 현지에서 대체 가능한 인력들을 파악하여 현지화를 한다면 여러 비용 절감도 가져올 수 있을 것이다.

판매 법인 혹은 지사를 먼저 만들 기업들

생산 기지를 해외로 만든다는 건 어쩌면 제2의 창업 같은 큰 일일 수 있다(규모에 따라 물론 다르겠지만). 그러나 사업은 단기뿐만 아니라 중장기적인 관점도 고려해야 하니, 생산 기지를 해외로 만들거나 옮기기에 벅찬 기업들은 큰돈이 들지 않는 판매 법인을 먼저 만들어 영업을 먼저 확대해 나가는 것도 좋다고 생각한다.

판매 법인을 만들려면 아주 기본적으로 드는 자본금과 관리 인원들이 더 필요할 수도 있으니, 이마저도 부담스럽다면 영업과 시장 조사 업무만을 주로 하는 현지 사무소, 지사 형태의 사무실을 운영하는 방안도 있다. 대부분의 회사들이 처음에는 지사 형태로 해외 진출을 하다가 판매 법인으로 전환을 하는 경우가 많다. 나 역시 호주에서는 주재원 막바지 시기에 직판을 위한 작업, 미국 내에서 동부 지역 판매 활성화를 위해 뉴욕 사무소를 개설하는 작업을 한 바도 있고, 또 멕시코 지사장으로 부임하여 판매 법인화를 위한 작업도 수행한 바 있다.

왜 지사에서 판매 법인으로 전환을 하냐 하면, 보다 적극적이고 현지의 책임하에 영업 및 마케팅 업무를 수행할 수 있기 때문이다. 미국 내 캘리포니아에 위치한 법인에서 뉴저지주에 사무소 하나 개설하는 데도 해야 할 일이 많다. 미국은 한 나라지만 각 주가 각기 다른 나라처럼 법이 다르기 때문이다.

멕시코에서도 지사에서 법인화 작업을 주도했었는데, 그때 아주 유능한 한인 멕시코 변호사를 통해 큰 어려움 없이 법인화를 할 수 있었다. 지사나 판매 법인은 생산 기지 설립이 아니기에 인력에 대한 부담감이 그리 많지 않다. 초기에는 지사장/법인장의 파견만으로도 충분히 현지인 몇 명 추가 고용으로 운영을 할 수 있을 것이다. 이 또한 정상화되면, 지사장이나 법인장도 현지 채용으로 돌려서 많은 비용을 절감할 수도 있다.

최근에는 현지에도 유능한 인력들이 많이 있기에 굳이 본사에서 파견나가는 것보다는 현지 채용을 추천한다. 중소/중견 기업 입장에서는 급여, 해외 수당, 자녀 교육비, 보험, 집값 등을 보조하기에는 부담이 크기 때문이다.

의사 결정은 빠를수록 좋다

자, 이제 의사 결정을 해야 할 타이밍이다. 현재 한국의 생산 기지만 갖고도 기업 운영하는 데 별 큰 문제가 없더라도, 앞으로 기업 환경은 언제 어떻게 바뀔지 예측이 어렵다. 그렇기에 각 기업들은 1년, 5년, 10년 단위씩의 단기, 중기, 장기 계획을 세우면서 그때그때 상황에 따라 변경을 한다.

해외로 생산 기지를 옮길 나라를 선정하고 이에 대한 투자 비용은 얼마나 드는지, 그리고 인력 수급은 어떻게 할지 등은 하나씩 점검하며, 현지 금융 조달 등에 대해서도 확인해보자. 꼭 굳이 생산 기지를 먼저 해외에 운영할 필요가 없다면, 지사 형태나 판매 법인 형태는 그리 시간이 걸리지도, 많은 비용이 소요되지도 않는다. 빠른 해외 진출이야말로, 앞으로 기업의 생존의 문제 해결뿐만 아니라 성장에도 필수적일 것이기 때문이다.

2단계 : 어느 나라 어느 지역으로 갈 것인가?

힘든 선택 그러나 중요한 선택, 입지

1단계에서 생산 공장으로 해외로 진출할 것인지, 아니면 지사나 판매 법인으로 진출할 것인지 결정되었다면, 이제는 어느 나라로 갈 것인지를 선택해야 한다. 부동산 투자에도 가장 중요한 것이 입지라고 하듯이, 해외에 공장을 짓거나 판매 법인을 설립하는 일에도 입지가 매우 중요하다. 대기업들도 이러한 입지 선정에 엄청난 시간을 들여 시장 조사를 한다.

내가 독일에 있을 때, 대부분의 대기업들은 유럽 본부를 독일에 두었는데, 그 이유는 독일이 가장 큰 시장이고 유럽의 시장 중

앙부이기에 유럽 전역으로 사통팔달 연결되어 이동하기에 워낙 편리했기 때문이었다. 그런데 내가 좀 의아해했던 건 포스코와 LG 전자였다. 포스코와 LG전자는 유럽 및 독일의 본부를 프랑크푸르트에 두지 않고 뒤셀도르프에 두었기 때문이다. 나중에 알고 보니 포스코의 이유는 타당한 면이 있었다. 바로 원자재 수급에 있어서, 뒤셀도로프 지역이 워낙 중요한 위치였던 것이다. 하지만 LG 전자의 경우에서는 끝끝내 납득할 수 있는 이유를 발견하지 못했다.

어쨌든, 내가 독일을 떠나오기 몇 년 전에 이 두 회사도 유럽 본부를 독일 뒤셀도르프에서 프랑크푸르트로 이전했다. 중간에 이런 결정을 하게 되면 주재원들이야 어차피 3~5년 주기로 바뀌니 상관이 없는데, 그곳에서 터를 잡고 사는 현지인들의 경우에는 이사를 가거나 아니면 회사를 떠날 수밖에 없는 상황에 놓일 수도 있기 때문에 처음의 위치 선정은 매우 중요하다.

판매 법인/지사의 경우에는 자사 제품의 시장 규모가 가장 크거나 또 가장 거래처가 위치한 지역이 가장 좋을 것이고, 생산 기지의 경우에는 향후 수출이 용이한 항구 인근, 그리고 인력 수급이 원활한 지역, 물류가 편리한 지역이 좋을 것이다.

대기업 납품하는 1차 벤더 회사들

글로벌 기업 반열에 오른 우리나라의 대기업들은 이미 오래 전부터 해외 생산 기지를 운영하고 있다. 우리나라 기업들의 생산 체계를 보면, 대기업과 그들에게 1차로 납품하는 1차 벤더 기업들, 그리고 1차 벤더 기업들에게 납품하는 2차 벤더 기업들, 또 그 2차 벤더 기업에 납품하는 3차 벤더 기업들까지도 있다. 소위 현대차가 해외 공장으로 나가게 되면 타이어 회사 등이 그 인근으로 생산 기지를 건설하여 진출하는 것이다.

자동차가 나올 때 끼워져 있는 타이어 제품을 OE(Original Equipment) 제품이라고 하고, 일반 소비자 대상으로 판매하는 타이어 제품을 RE(Replacement Equipment)라고 한다. 그런데, 이런 OE 제품에 있어서 가장 중요한 것은 납기 준수이기에 미국에는 현대차가 진출하고 얼마 안 있어서 금호타이어와 한국타이어가 따라서 미국 진출을 했다. 유럽 역시 현대차와 기아차가 진출한 이후 한국타이어와 넥센타이어가 헝가리와 체코에 공장을 설립한 바 있다.

이런 경우는 대기업에 납품을 하는 것이 주목적이니, 아무래도 자동차 회사와 지근 거리에 있는 것이 여러모로 편리할 것이다. 오히려 이런 경우는 중소/중견 기업들이 입지 선정에 고민할 필요도 없다.

독자 생산 판매하려는 기업들

이런 1차 대기업 벤더 회사들과 달리 독자적으로 기업을 운영하는 중소기업들은 어느 나라, 어느 지역으로 가는 것이 좋을까? 여러 차례 언급한 바와 같이 노동비가 저렴하고 노동 인력 수급이 편리하고 물류 시스템이 편리한 곳이 좋다.

그런데 사실 여기에 또 하나 중요한 사실이 있다. 안전한 지역이어야 한다. 나는 멕시코에 있으면서 미국의 제조업체가 멕시코로 많이 이전해온 걸 알고 있다. NAFTA(북미무역자유협정)로 인해 미국의 제조업체는 물론이고 인근 캐나다의 업체들까지 멕시코로 많이 이전해 갔던 것이다. 그런데 여기엔 커다란 문제점이 하나 있었다. 바로 멕시코의 열악한 치안이었다.

내가 멕시코에 주재할 당시 몸담고 있던 회사는 지사여서 멕시코에 생산 기지나 물류 창고는 없었다. 대신 만사니요 항구에서 멕시코 푸에블라 도시의 VW 자동차 공장으로 타이어를 납품해야 했는데, 컨테이너를 실은 트럭이 계속 털려서 VW 공장에 납품할 수 없는 상황에 이른 적도 있었다. 자동차 회사에 납품 기일을 어기면 그 벌금이 어마어마해서, 당시에 윗분의 지시로 시장에서 돌아다니는 우리의 도난 제품(소위 말하는 장물)을 다시 사서 공급을 한 적도 있었다.

멕시코는 경찰에 신고해도 범인이 잡히지 않는 나라였다. 치안은 물론 부정부패도 만연해서, 이런 나라에 생산 기지를 운영하면 정말 골치 아픈 일들이 많을 거라 생각한다. 그런데 현대차는 이런 악조건을 뚫고 멕시코 북부의 도시인 몬트레이에 공장을 설립했다. 아마 여러 제반 조건과 상황을 고려하고 철저하게 치안을 보완해서 설립한 것이리라 짐작한다. 안전만 보장된다면, 멕시코는 생산 기지에 있어서는 더할 나위 없는 좋은 입지라고 생각한다.

생산기지는 번복이 어려우니 선정에 매우 신중을 기하라

생산 기지로 삼을 입지 선정 기준을 다시 한번 요약하면 다음과 같다.

첫째, 풍부한 노동력이 있는 나라(도시), 둘째, 경쟁력 있는 노동비를 보유한 나라, 셋째, 저렴한 법인세율의 나라, 넷째, 항구와 가깝고 물류 시스템이 잘 갖춰진 지역, 마지막 다섯 번째, 안전한 지역이다.

판매 법인이나 지사의 경우는 첫째, 유능한 직원 채용이 용이한 대도시, 둘째, 큰 거래처가 지근 거리에 있거나 시장 규모가 큰 지역, 셋째, 공항이 가까워 각 지역을 다니는 데 불편이 없는 지역 등이다.

보통 지사나 판매 법인 형태로 있다가 생산 기지가 설립되면, 판매 법인도 생산 기지 쪽으로 합쳐지는 경우도 있고 그렇지 않은 경우도 있는데, 생산 기지가 워낙 시골 같은 쪽에 위치해 있다면 영업인력이나 마케팅 인력 수급을 위해서라도 대도시에 이원화로 운영하는 것도 좋을 듯싶다. 물론 이런 경우는 어느 정도 매출 규모가 큰 중견기업, 대기업에게 해당되는 사항이겠다. 중소기업들은 이러한 비용조차도 아껴야 하는 상황이기에 대기업을 무조건 쫓아가는 건 아니라고 본다.

내 주위에 부천에서 현대자동차 2차 벤더를 했던 대표가 있는데, 그분은 나의 조언에 따라 현대차를 따라서 미국으로 생산 기지를 옮겨 지금은 아주 안정적으로 회사를 운영하고 있다. 나로서는 그 소식에 그저 기쁠 뿐이다.

선진국은 이러한 생산 기지 유치에 대해 각 주에서 주는 혜택이 많다. 왜냐하면 자기네 주로 생산 공장이 들어오면 실업률 저하에 많은 도움이 되고 경제 활성화가 되니 세금 및 보조금 혜택을 많이 제시하는 것이다. 이러한 혜택들을 꼼꼼히 따져서 입지를 선정하는 것도 권한다. 최근에는 트럼프 행정부에 이어 바이든 행정부도 미국으로 생산 기지를 유치하기 위해 발 벗고 나서는 모습을 보니, 선진국으로의 이전도 적극적으로 고려해보는 것이 좋을 듯싶다.

3단계 :
인사가 만사다

본사 파견? 현지인 채용?

해외로 진출할 때 생산 기지까지 진출할 것인가 판매 법인/지사 형태로 진출한 것인가, 그리고 어느 나라, 어느 도시로 나갈 것인가가 결정되었으면, 현지에서 일할 사람을 결정해야 할 시점이다. 물론 지역을 선택할 때는 현지인들의 채용이 용이할 것인지도 함께 파악하여 결정을 해야 한다.

생산 법인을 차릴 경우에는 최소한의 본사 직원의 파견은 불가피하다. 이때도 규모가 큰 회사인 경우에는 내부 공모를 통해 희망 직원을 모집해서 심사를 거쳐 결정하는 경우가 대부분이지만, 규모가 작은 회사는 현지에 나가서 해야 할 직무를 중심으로 해당 직무에 근무하는 직원을 파견해야 한다.

내 경험상 생산 법인의 책임자, 즉 현지 대표와 자금 담당 CFO, 그리고 공장 설립을 책임지는 기술직 대표와 실무자 몇 명을 제외하고는 현지에서 현지인을 채용하여 업무를 시작하는 게 보통이었다. 나는 주로 해외 영업/해외 마케팅 업무를 오래 했지만, 옆에서 중국 공장 설립과 미국 공장 설립을 지켜봐 왔고, 뉴저지 근무 시 미국 조지아 공장 설립에 대해 간여를 했었기에 현지 공장 설립이 얼마나 힘이 드는가를 잘 알고 있다. 현지법에 따른 인허가 문제, 현지인 채용 문제 등등….

사실 이러한 인허가 문제 등도 유능한 현지인을 잘 채용하면 큰 무리 없이 모든 일을 진행할 수 있다. 본사에서 파견 나가는 직원들의 경우에도 성실하고 믿을 수 있는 사람을 내보내야 한다. 오랜 주재원 생활로 여러 케이스들의 주재원들을 많이 만났는데, 도덕적 해이로 인해 일을 그르치는 사람들이 더러 있기 때문이다. 아주 오래전 일이지만 주위 회사의 주재원 중에는 현지 여성과 바람이 나서 일도 제대로 못 하고 한국의 가정이 깨지는 주재원도 있었고, 카지노에 빠져 가산을 탕진한 주재원도 있었다.

따라서 나는 생산법인이건 판매법인/지사이건 주재원 파견자는 첫째 성실하고 믿음직스러울 것, 둘째, 영어는 필수일 것,

셋째, 가능하면 현지어도 구사할 것, 넷째, 가급적 기혼자일 것 등을 기준으로 파견을 내보내길 권하곤 한다.

뉴욕 사무소 설립 경험

북미 본부가 있던 LA에서 마케팅 업무를 하다가 1년 만에 신설 미국 동부 뉴욕 사무소장으로 발령이 났다. 같은 미국 땅이지만 시차만 3시간, 비행기로 5시간 걸리는, 어쩌면 다른 나라 같은 뉴저지로 가게 되었다. 미국 법인 내 사무소여서, 초기 셋업하는 데 별 것 없을 줄 알았는데, 그게 아니었다.

일단, 주(State)가 캘리포니아와 뉴저지로 다르니, 새로이 사무소 등록을 해야 했다. 그리고 첫 몇 달은 재택근무를 하면서, 시장 조사와 더불어 사무실을 보러 다녔는데, 다른 지상사들이 많이 소재하고 있던 버겐카운티 포트리(Fort Lee)라는 곳에 사무실을 정했다. 그리고 일단, 나를 도와줄 현지인을 채용하기 위해 어떤 방법을 이용할까 고민하다가, 잉글우드 글리프에 위치한 한인이 운영하는(옛 LG 전자 인사담당자가 나와서 차린 회사였다) HR 회사를 통해 현지인 2인(한국말과 영어가 능통한 교포 2세)을 채용했다. 현지 영업 인력들은 기존에 재택근무를 하는 직원들이 있었기에 새로 채용할 필요가 없었지만, 매주 또는 2주에 한 번씩 사무실에 모여 회의를 해야 했기에 충분한 크기의 회의실이 있는 사무실을 정했다.

이후에는 마케팅과 기획, 그리고 물류 직원을 채용하기 위해 회사 홈페이지, 헤드헌팅 회사, 잡지/신문 등에 채용 공고를 냈다. 솔직히 당시 내가 근무했던 회사는 한국에서는 대기업이었지만, 미국 내에서는 그리 잘 알려지지 않은 회사였기에 전방위 채용 광고를 냈음에도 마음에 드는 이력서가 들어오지 않았다. 한 달여를 노심초사했던 기억이 난다. 그래도 뉴욕 뉴저지 지역이라 현지 인력 수급이 원활하리라고 생각했는데, 그러지 않았던 것 같았다. 결국 보스턴과 코네티컷의 뉴헤이븐에 살고 있는 직원을 채용하게 되었다.

인터뷰 요령

첫 한 달은 이력서가 많이 들어오지 않았지만, 시간이 갈수록 이력서가 많이 들어왔다. 그러나 나는 아무리 이력서가 많이 들어와도 웬만하면 직접 인터뷰를 진행했다. 서류에서 곧 탈락되는 사람도 있지만 서류상으로는 볼 수 없는 장점이나 역량 등을 지닌 사람들이 많다고 생각하기 때문이다.

채용하는 직원들은 현지인으로 뽑아야 했으며 백인, 흑인, 라티노, 아시아인 등 인종, 나이, 성별에 차이를 두어서는 안 되었다. 인종, 나이, 성별 등에서 차별을 두고 채용할 경우 미국 노동법의 차별(Discrimination) 조항에 위반되기에 매우 조심해야 했다. 이는 채용 공고를 내는 일부터 인터뷰 과정에서 이루어지는 질문까지 공통으로 해당하는 조항이다.

솔직히 당시 나의 속마음은 미국이라는 나라가 이민자의 나라이긴 하지만 그래도 주류는 백인 사회이니, 회사가 대외적으로 좋게 포장받기 위해서는 젊고 유능한 백인들이 많이 지원해줘서 채용되기를 바랐다. 가능하면 젊고 유능한 이들과 일하고 싶었다. 그래서 인터뷰를 진행하는 당사자인 나도 많이 긴장을 하고 인터뷰를 준비했다. 내가 아무리 영어를 쓰는 데 별문제가 없다고 해도 미국인처럼 할 수는 없지 않은가? 그래서 이미 채용한 교포 2세 중에 좀 똑똑한 직원으로 하여금 많은 걸 물어보게 하고, 나는 마지막에 중요하고 간단한 것 위주로 문의를 했다.

워낙 많은 인터뷰를 해야 하니, 직원으로 하여금 인터뷰할 때 물어보는 항목을 미리 정해서 같은 질문을 했다. 그리고 마지막에 나는 주로 최근 이슈에 대한 개인의 생각을 묻고 답변을 듣는 것으로 마무리를 했다. 그렇게 진행을 끝낸 다음엔 항목별로 배점을 달리하여 각 후보자마다 최종 점수를 매겼다. 후보자들 중에는 우리 쪽에서 최종 합격 통지를 보내더라도 우리보다 더 좋은 조건을 제시한 회사의 합격 통지를 받는 경우가 허다해서 우리가 바란다고 같이 일할 수 있는 것도 아니었다. 인력 채용 시에는 무엇보다 이 점에 유념해야 한다.

그래서 오히려 인터뷰할 때 오버 퀄러파이드(overqualified: 채용하고자 하는 직무보다 너무 조건이 좋은 후보자) 후보자들은 최종 선택에서 탈락시키는 경우도 있었다. 이들의 경우 합격을 하더라도 오랜 기간 다니지 않고, 더 좋은 조건의 회사에서 기회가 오면 그쪽으로 곧바로 이직하는 경우가 많기 때문이다.

미국은 그나마 해고가 매우 자유롭다. 채용을 했는데 생각보다 실력이 아니다 싶으면 회의 중에라도 "당신, 해고야"라고 할 수 있다. 그러나 "인사가 만사"라는 말처럼, 직원 채용은 너무 중요하기에 수십 차례 심사숙고하여 직원을 선발해야 할 것이다.

유럽은 해고가 어려우니 정식 채용에 신중을 기하라

미국과 달리 유럽은 회사 입장에서 보면 해고가 자유롭지 못하다. 독일뿐만 아니라 프랑스, 스페인, 이탈리아, 영국 등 주요 유럽이 다 그렇다. 유럽을 여행하다 보면, 노동자들의 파업이 정말 빈번함을 알 수 있는데, 유럽은 노동자, 즉 약자 편이다.

그렇기에 회사 측에서는 직원을 채용할 때 정말 심사숙고해야 한다. 독일 법인장으로 근무 당시 많은 직원도 채용도 해봤고 기존 직원들 중 퍼포먼스가 너무 좋지 않고 성실하지 못한 직원들은 해고도 했지만, 해고의 경우 100% 소송까지 이어지는 나라가 독일이다.

독일에 부임하고 내가 처음 한 일은 조직과 직원 개개인을 파악하는 일이었다. 직원들 한 사람 한 사람씩 인터뷰하고 개인의 생각, 회사에 대한 바람, 회사를 통해 어떻게 성장하기를 원하는

지 등을 모든 직원들과 인터뷰했다. 그중 영업 직군에 있던 직원 두어 명은 영업 실적이 최하위였는데, 파악하니 성실하지 않고 늘 딴짓을 하던 직원이었다. 몇 개월을 지켜본 후 그 직원을 내보내려고 변호사와 상의했더니 법적으로 해고 사유가 없으면 내보낼 수 없었다. 해고 사유라는 게 회사 공금을 횡령했거나 회사 비품을 개인적으로 사용했거나 등 비도덕적인 일을 했을 경우만 해당되었다.

나는 처음에 합의를 해서 내보내려고 했으나 그마저도 쉽지 않아 결국 해고장을 보냈고, 그 직원은 소송을 했다. 결국 법원을 통해 일정 금액을 지급하는 조건으로 내보냈는데, 결론적으로는 그렇게라도 해고하는 것이 장기적으로는 회사에 도움이 되었다고 생각한다.

이런 사례에서 보듯 독일과 같은 유럽은 근무 확정 후 갖는 유예 기간을 잘 활용해야 한다. 프로베이션(Probation)이라고 부르는 이 기간은 일종의 '수습' 기간으로서, 통상 3개월 정도로 책정된다. 회사는 그 3개월 동안 여러 일을 지시해보고 직원이 각 상황에 어떻게 대처하고 문제해결을 해나가는지를 파악해야 한다. 의사소통 능력, 직무적합성, 성실도 등 여러 면을 종합적으로 살펴보고 문제가 없다면, 프로베이션 기간이 끝난 뒤 정식 직원으로 채용하면 된다.

4단계 : 현지 회사 설립 시 반드시 체크해야 할 6가지

제대로 된 현지 변호사와 계약하라

아무리 한국에서 법을 전공하고 한국 내에서 회사 설립에 대해 잘 알고 있는 직원일지라도 현지 나라에 가면 한국법과 다르기 때문에 반드시 현지 변호사와 고문 계약을 맺고 회사 설립을 해나가야 한다. 물론 공통되는 부분도 많으리라 보지만, 세세한 부분들은 결코 동일하지 않기에 현지 변호사와 함께해야 한다.

내가 주재했던 나라들 중 선진국들은 대부분 유능한 한인 변호사 및 로펌들이 많아서 변호사를 고르는 데 별 어려움이 없었다. 호주, 미국은 워낙 교민들이 많고, 교민 자제 가운데 현지 법대를 졸업하고 변호사로 활동하는 이들이 많았기에 선택의 폭이 매우 넓었다. 그런데 멕시코는 그렇지 않았다. 내가 부임했을 때, 회사에서 고용하던 변호사는 멕시코 현지인이었다. 그런데 그 변호사는 영어를 한 마디도 못 해서 내가 직접 업무를 지시하는 데 무척 어려움이 많았다.

멕시코 지사 초창기 시절의 지사장들은 대부분 스페인어를 아주 잘하는 분들이어서 그 변호사와 일하기가 용이했을 테지만, 나를 포함해서 내 전전임, 전임자들은 모두 스페인어에 능통하지 않았는데 어떻게 제대로 그 변호사와 일할 수 있었는지 이해가 가지 않았다. 어쨌거나 나로서는 법인화 작업 등 많은 걸 직접 문의해야 했기에 영어와 한국어를 할 줄 모르는 멕시코 변호사 말고 영어나 한국어가 되는 다른 변호사를 찾았다. 수소문 끝에 아주 유능한 한인 멕시코 변호사를 찾을 수 있었고, 그분으로 고문 변호사를 교체하였다. 그분이 나중에 법인화 작업도 아주 깔끔하게 잘 마무리해주셔서 진심으로 감사했다.

한편 독일은 호주나 미국보다 이민자들이 많지 않지만 그래도 한인 변호사들이 좀 많을 줄 알았는데, 의외로 찾기가 힘들었다. 다행히도 내가 독일에 부임할 당시에는 회사 고문 변호사가 한인이어서 수시로 거래선과의 계약 문제, 직원들의 노동법 문제 등 자문을 편하게 구할 수 있었다(고문 변호사 계약은 1년 단위로 이루어지며, 1년 중 몇 시간까지는 계약 금액 내에서 처리하는 방식이었다). 현지의 유능한 고문 변호사가 있으면 왠지 모를 든든함이 있다. 그러나 동남아나 중남미, 아프리카, 중동의 경우에는 이러한 한인 현지 변호사가 없는 나라들도 많을 듯하다. 그럴 경우에는 영어를 유창하게 구사하는 변호사를 고용하면 큰 문제는 없을 것이다.

멕시코에서의 S은행 설립(소매 금융을 할 수 없음)

중소기업 및 대기업뿐만 아니라 한국의 은행들도 요즈음은 해외로 많이 진출해 있다. 지금은 역사 속으로 사라진 외환은행은 기업들의 초창기 해외 진출 시 외환 업무라는 특수한 목적의 업무를 함께했었기에 해외에 많이 진출해 있었다. 그러다 IMF 시절에 해외 진출했던 회사들이 많이 한국으로 복귀했을 때 외환은행도 현지 지점을 닫고 철수하기도 했다. 그러다 현재는 다시 외환은행뿐만 아니라 한국의 많은 시중 은행들이 외국에 진출한 한국 기업들과의 시너지 업무를 위해 많이 진출해 있는 상황이다.

내가 최근까지 주재했던 독일만 하더라도 한국은행, 산업은행, 신한은행, 하나은행(외환은행이 하나은행과 합병), 우리은행 등 주요 은행들이 독일 프랑크푸르트에 다 진출해 있다. 독일만 하더라도 유럽의 중심이고 대기업들의 유럽 본부가 진출해 있으니 당연하다고 본다.

내가 멕시코에 있었을 때의 일이다. 당시 멕시코에는 기업들의 유럽 본부가 있는 회사가 몇 되지 않았고, 중소, 중견기업들의 진출도 많지 않았었다. 당시 내가 재직 중이던 회사는 판매지사였는데, 그 회사만 하더라도 HSBC은행을 통해 송금을 주로 해왔다. 그런데 한국의 A은행 사무소가 멕시코에 나와 있었다. 반가운 마음이 컸다. 나는 당연히, A은행이 소매금융을 하고 있을 것이고 주재원까지 파견되어 나와 있을 것이라 예상했다.

그런데 그게 그게 아니었다. 멕시코는 당시에 관련 법규가 엄격하여 한국 시중 은행들이 멕시코에서 소매금융을 할 수 없었던 것이다. 솔직히 나로서는 소매금융을 할 수도 없는데 어째서 A은행이 멕시코에 사무소를 오픈했는지 이해가 가지 않았다. 12여 년이 지난 지금은 소매금융을 할 수 있게 되었는지는 모르겠지만, 현지 회사 사무소 설립 전에 철저한 사전 조사가 없이 파견해서 발생된 일이었다고 생각한다. 대리점이나 판매 지점처럼 오너가 있지 않은 은행이었기에 망정이지, 중소기업들의 경우라면 쓸데없는 현지 사무소 비용이나 인건비 등 그냥 공중으로 날리는 돈이 많았으리라 생각한다.

지역에 따라 법인세가 다르다

우리나라의 경우 법인세율이 시 단위로 부과된다. 독일의 경우에도 시 또는 구 단위로 현지 회사가 위치한 지역에 따라 법인세율이 다르다. 그 세율의 차이가 적다면 적을 수도 있지만, 삼성전자, LG전자, 현대자동차와 같은 대기업들은 현지 회사가 어디에 위치해 있느냐에 따라 연간 내야 하는 법인세가 다르다. 나도 독일에 부임해서야 그 사실을 알게 되었고, 추후 '법인세율이 낮은 곳으로 이전하는 게 더 낫지 않을까'라는 고민을 많이 한 적이 있다.

실제로 타 회사들 중에는 조금이라도 법인세율을 낮추기 위해 프랑크푸르트 인근 도시 중에 법인세율이 가장 저렴한 곳으로 이전을 하는 경우도 많았다. 중간에 이전한다는 것이 무척 어렵다. 그렇기에 처음으로 해외 진출하는 회사인 경우에는 이러한 정보를 미리 사전에 안다면, 첫 진출할 지역을 제대로 고를 수 있을 것으로 생각한다.

현지 회사 설립 시 체크 사항 6 가지

현지에 회사를 세울 때 체크해야 할 사항이 몇 가지 있다. 대표적인 체크 사항 6가지를 소개한다.

첫째, 현지 회사에 등록할 상호명과 같은 상호가 이미 있는지 확인한다.

보통은 중소기업들은 회사 설립 시, 한국에만 등록을 하고, 해외에는 언제 진출할까 생각하고 해외에는 회사명을 등록하지 않는 경우를 가끔 본다. 그러다가 해외로 진출하려고 그 나라에 회사 등록을 하려다 보면 이미 같은 이름으로 등록이 되어 있는 경우가 생기는 수가 있다. 최근에 중소/중견 기업들이 글로벌 회사를 지향한다고 사명을 영어로 짓는 경우가 많기 때문이다. 이미 등록이 되어 있다면 다른 사명으로 재빨리 등록해야 한다.

둘째, 회사의 유형을 파악하여 법인/지사/연락 사무소에 따라 준비 사항을 체크한다.

셋째, 각 나라에 맞는 자본금 규정이나 정관 규정을 확정한다. 나라마다 자본금 규정이 다르고, 또 매년 이것이 조금씩 바뀐다. 최근 한국도 최저 자본금 금액이 미국처럼 많이 낮아진 걸로 알고 있다. 선진국일수록 최소 자본금 규정이 적고, 후진국일수록 자본금이 많은 듯하다. 각 나라마다 다르니 진출할 나라의 경우는 각각 확인하는 것이 필수다.

넷째, 법인일 경우에는 법인 등록증을 작성하고 제출한다. 이 외에도 정관 작성, 회사 설립 관련 주주총회 또는 결의서 작성, 주식 발행 순서를 확인한다.

다섯째, 같은 나라라 하더라도, 우리나라도 치면 구에 따라 법인세율이 다르기 때문에 보다 저렴한 지역을 확인한다. 앞에서 언급한 바와 같이, 굳이 더 비싼 세금을 낼 필요는 없지 않은가? 단 0.5%라도 절감할 수 있다면 저렴한 곳으로 가는 것이 좋다.

여섯째, 각 나라의 기업법을 확인한다.

앞의 경우는 내가 멕시코 지사장으로 근무할 당시 법인화 작업을 하기 위해 현지 변호사와 논의하면서 파악했던 정보들이다. 물론, 각 나라마다 약간씩 현지 회사 설립이 다르고 같은 나라라 하더라도 매년 관련 법규의 수정이 있을 수 있으니, 앞에서도 언급했듯이, 현지 고문 변호사를 채용하여 보다 면밀하게 검토하는 걸 적극 추천한다.

글로벌 대시

해외 진출이 답이다

4장

현지 비즈니스 실전 : 시장조사, 직원채용, 거래처 협상 및 관리 노하우

해외 거래처 연결은 현지 인맥을 통해서 하라

거래처 발굴의 중요성

비즈니스를 하다 보면, 가장 중요한 요소 중의 하나가 정말 좋은 거래처를 확보하는 것이다. 어떤 거래처를 발굴하느냐에 따라 현지 비즈니스의 성패가 좌우된다고 볼 수도 있다. 우수 거래처를 발굴하기 위해서는 평판도 중요하고 신용등급도 중요하다. 국내외 어디서나 돈 앞에 장사가 없다고는 하지만, 그 업계에서 레퍼런스 체크만 해보면 해당 거래처가 신용을 잘 지키는지, 거래처 오너가 어떤 사람인지는 쉽게 파악할 수 있다.

나는 무엇보다도 돈거래가 깨끗한 사람인지 최우선적으로

확인하는 습관이 있다. 내가 해외에서 21년 동안 여러 거래처와 거래를 했지만, 유독 결제가 꼭 늦는 거래처가 있는데, 결국 이 거래처는 파산을 했다. 물론 안전장치를 해놓아서 회사에 손해를 끼치지는 않았지만, 정말 아찔한 순간이었다. 해외에서 비즈니스를 하다 보면, 매출 확대도 중요하지만 물건을 팔고 받아야 할 돈을 제때 지급받는 것이 무엇보다도 중요함을 알 수 있다. 그래서 나는 돈거래에 있어서 잡음이 없었던 사람과 거래를 한다.

한 번은 독일에서 근무할 때였다. 이미 전임자가 거래를 해왔던 한 거래선이 있었다. 핸섬하고, 외적으로 보기에는 아무런 문제가 없어 보였다. 그런데 돈 갚아야 할 날을 지키지 않고 조금씩 조금씩 늦게 내는 것이었다. 방문을 해서 확인을 해보니 미덥지 않은 구석이 있었다. 그래서 철저하게 이 거래선과는 자금관리를 했다. 크레딧 한도가 넘는 물량을 달라고 했지만, 그렇게 했다가 돈을 떼일 염려가 있어 보였다. 우선 자금 사정이 안 좋은데 지속적으로 물건을 더 달라고 하는 것도 수상쩍었고, 결국 이 거래선은 부도가 났다. 나는 다행히 수출 보험공사가 정한 한도 내에서 거래를 했었기에, 부도가 났음에도 수출보험공사로부터 돈을 다 받을 수 있었다. 물론 내가 발굴한 거래처는 아니었지만, 큰일 날 뻔한 경험이었다.

그래도 현지 한인의 도움이 필요하다

내가 해외 영업 업무를 시작했던 90년대만 하더라도 상사들은 나더러 한국 사람과 직접적인 거래를 하지 말라고 신신당부하곤 했다. 그 이유는 한국 사람들 가운데 사기꾼이 많고, 결국 좋은 결과를 보지 못한다고 했기 때문이다.

그로부터 30년의 세월이 흐른 지금에서 되돌아보면, 그 말은 반은 맞고 반은 틀리다. 안 좋은 결과를 맞이한 사람들을 주위에서 보긴 했지만, 적어도 내 경우에는 손해를 본 일이 없었기 때문이다. 나는 한국 사람들한테 많은 도움을 받았고, 내가 한국인에게 사기를 당한 적도 또 나쁜 사람들을 만난 적도 없었다. 어쩌면 행운이었을지도 모른다. 내가 사원 시절, 남태평양 도서 지역을 담당했을 때 당시 사이판의 거래선이 한국분이셨는데, 내가 살아오면서 그분처럼 젠틀하고 마음이 좋은 분은 본 적이 없었다. 독실한 크리스천으로 한국에서 어려움을 겪은 후 사이판으로 이민을 가서 크게 성공한 분이셨다.

그분은 내게 비즈니스란 어떻게 해야 하는 것인지를 많이 일깨워주신 분이었다. 해외 생활에서는 현지 한국분들과 얼마나 활발히 교류하느냐도 매우 중요하다. 그에 따라 정보의 양과 질이 결정되기 때문이다. 해외 많은 나라에는 한인회가 조직되어 있다. 특히 미국처럼 한인들이 많이 살고 있는 나라는 지역별 한인회도 있고 경제인협의회도 있다. 또 우리나라 3대 모임인 해병대전우회, 호남향우회, 특정 대학교 동문회(이를테면 고대 동문회)도 있다. 그리고 빼놓을 수 없는 것이 해외에 구성된 한국 외국어대 동문회다.

나의 경우에는 호주와 미국에 있을 때 고등학교 동문회(인천 제물포고)의 도움을 정말 많이 받았었다. 거래처 연결은 아니었지만, 현지 정착 정보라든가 애들 교육 관련 정보 등에 관련해서는 먼저 오신 선배들께서 많은 도움을 주셔서 정말 어려움 없이 정착할 수 있었다. 집사람이 임신한 상태에서 호주에 갔는데 그곳에서 만난 선배님들과 형수님들이 베풀어주신 은혜는 지금도 잊지 못하고 있다. 최근 그 선배님 중의 한 분의 형수님께서 하늘나라로 가셨다는 소식에 집사람과 나는 정말 슬퍼했다. 지금도 그때 만났던 선배님들과는 연락을 취하며, 좋은 관계를 유지하고 있다.

그리고 호주나 미국, 멕시코, 독일 등 내가 주재하며 살았던 나라 모두 다 한인회가 잘 조직되어 있어 찾아가면 여러모로 많은 도움을 받을 수 있다. 한인 교회나 성당에 나가서 좋은 분들을 만날 수도 있지만, 나는 교회나 성당은 하느님을 믿는 그 자체로 나가야지 비즈니스 때문에 나가서는 안 된다고 생각하는 쪽이다. 실제 비즈니스에 치중해 교회나 성당에 다녔다가 그 끝이 그리 좋지 못한 경우를 많이 봤다.

사기꾼들도 없다고 할 수 없지만, 이는 본인 스스로 잘 판단하여 옥석을 가려야 할 듯싶다. 이러한 현지 한인분들을 통해 관련 산업의 정보도 구하고 그 산업과 관련 있는 현지 분들을 소개받을 수 있다. 현지에서 만나는 분들은 한분 한분 소중한 분들이니 잘 관리하길 바란다.

뼛속까지 현지화하라(Think Globally, Act Locally)

나는 현지에 가면 현지 사람처럼 생각하고 행동해야 한다고 줄기차게 주장한다. 현지에서 한인들을 만난다고 한국에서와같이 비즈니스를 하라는 건 결코 아니다. 물론 음식 등은 늘 먹던 한식을 자주 먹게 되겠지만, 비즈니스 어프로치는 현지인들처럼 해야만 성공할 수 있다고 생각한다. 그래서 나의 경우에는 현지 상공회의소 방문을 통해 많은 정보를 구했다.

개인적으로 나는 가톨릭 신자여서 한인 성당을 다녔지만, 현지인들을 보다 많이 만나기 위해 한 주는 한인 성당, 한 주는 현지 성당을 다니면서 현지 인맥을 사귀려고 노력을 하였다. 호주에서도 미국에서도 멕시코에서도 독일에서도 한인 성당이 있어 한인 성당에 교적을 두었지만, 반드시 다음주는 사는 동네 인근에 있는 현지 성당과 영어 미사를 하는 성당에 다니곤 했다. 멕시코나 독일에서는 스페인어나 독일어를 잘 못했지만, 그럼에도 현지 미사를 가면 관련 산업에서 일하는 사람도 만나 이런저런 정보도 얻고, 미사 후 현지인 집에 초대받아 방문하는 기회도 있어서 현지인들의 모습을 경험할 수 있었다. 이런 생활이 익숙해져서 그런지 나를 비롯하여 우리 가족들은 어느 나라를 방문하게 되면 그때부터는 방문한 나라 사람이라는 생각을 갖고 행동을 한다.

온라인도 적극 활용하라

내가 해외에 다니기 시작했던 90년대에는 인터넷 환경 시대가 아니었다. 그로부터 30여 년이 지난 오늘에는 온라인 환경이 너무 발달했다. 지금은 구글을 통하거나 챗GPT를 통하면 많은 정보를 얻는 세상이 되었다. 나 또한 요즈음에는 오프라인보다는 온라인을 통한 정보를 많이 취득한다. 웬만한 산업에 대한 정보, 그리고 거래처에 대한 정보는 온라인을 통하면 다 파악할 수 있다.

한국의 네이버에서도 기업체에 대한 정보를 손쉽게 구할 수 있듯이 구글을 통하면 현지 업체 리스트를 구할 수 있다. 간혹 기업체 정보는 무료가 아니라 유료인 사이트가 있지만, 정확한 정보를 구하기 위해서는 어느 정도의 투자는 필요하다고 생각한다. KOTRA, 중소기업공단, 한국무역협회 등 우리나라의 무역 및 중소기업 관련 정부 기관의 온라인 사이트를 방문하면 최근 정보를 구하는 데 어려움이 없다. 진출하고자 하는 나라, 또 산업 전반에 대한 정보를 손쉽게 구할 수 있고, 이후에는 현지의 상공회의소 사이트를 방문하여 정보를 취득하면 된다.

요즈음에는 영어권이 아닌 나라에서도 온라인 사이트를 방문하면 거의 대부분 영어로 볼 수 있도록 해놓아서 영어만 할 수 있다면 손쉽게 취득하고자 하는 정보를 구할 수 있다. 설사 영어가 딸린다 해도 크게 걱정하지 않아도 된다. 구글 번역기가 워낙 잘되어 있어서 웬만한 영어 문서는 그 내용을 거의 다 파악할 수 있으니 얼마나 좋은 세상인지 모르겠다. 90년대에만 해도 텔렉스나 팩스로 거래선들과 소통을 해야 했고, 무료 통화도 없던 시절이라 긴 통화를 하면 통신비용이 많이 나와 눈치를 봐야 했는데, 그때를 생각하면 지금은 얼마나 환경이 좋아졌는지 새삼 놀라게 된다.

현지 상공회의소와 연결되는 4가지 방법

첫째, 뉴커머스클럽에 가입하라

뉴커머스클럽(Newcomer's club)이라고 하면 말 그대로 새로 온 사람들의 모임이라는 뜻이다. 나는 호주나 미국에 주재할 때는 정착이나 거래처 발굴에 별다른 어려움이 없었다. 영어권 나라였고, 영어가 내게는 매우 익숙했기 때문이다. 그런데 멕시코에 갔을 때는 사정이 딴판이었다. 스페인어도 전혀 모르는 상태이고, 출장으로도 가본 적이 없는 나라여서 뭘 어떻게 해야 할지 전혀 감이 없어서 막막하기만 했다.

여기저기 사람들에게도 문의하고 인터넷으로도 찾아보니,

멕시코에 처음 온 사람들을 위한 클럽이 있다는 걸 알게 되었다. 이 클럽의 목적은 말 그대로, 멕시코에 처음 와서 정착하는 사람이나 비즈니스를 시작하는 사람에게 여러 정보를 제공하는 아주 유용한 모임이었다. 이곳의 멤버들은 주재원의 아내들이 주를 이루었지만, 멕시코에 와서 첫 비즈니스를 시작하려는 남성 회원도 있었다. 회원들의 국가는 세계 각지였다. 나는 호기심이 많은 사람이라, 일요일 오후에 하는 모임에 참석을 하였고, 집사람은 평일 모임에 참석을 했다.

이곳에서 만난 회원 가운데 일본의 닛산 자동차회사에서 파견 나온 법인장이 있었다. 좋은 인연을 맺게 되어 이후 서로 많은 정보를 공유하였다. 당시 내가 다니는 회사는 자동차 회사와 밀접한 관련이 있었기에 자동차 판매 정보, 멕시코 현지 공장 관련 정보 등 많은 정보를 나누었다. 우리나라 정치인 가운데는 반일 정서에 치우쳐 일본과의 관계를 오히려 악화시키려는 이들이 있지만, 외국에 있다 보면 일본인들이 얼마나 성실하고 또 좋은 사람들이 많은지 알 수 있다.

멕시코 근무를 마치고 잠깐의 본사 근무를 마친 뒤 독일로 부임했을 때도, 나는 독일 프랑크푸르트에도 혹시 이런 모임이 있을까 싶어 찾아보았는데, 내 예상대로 여기에도 같은 목적의 클럽이 있었다. 그래서 독일의 뉴커머스 클럽에도 가입해서 여러 기업인들을 만나 현지 비즈니스와 연결되는 정보를 많이 얻었다. 정착 정보뿐 아니라 내가 원하는 업체 리스트도 덤으로 얻을 수 있었다.

멕시코와 독일의 뉴커머스 클럽에서 만난 분들은 내게 현지 상공회의소 연락처도 알려주었다. 덕분에 내가 원하는 정보를 그곳에 방문해 직접 얻는 성과도 올렸다. 두 나라는 모두 각 지방마다 상공회의소를 갖추고 있다. 우리나라로 치면 대한상공회의소와 비슷하지만, 지방별로 있다는 점이 다르다. 지방 상공회의소에는 각 기업인들이 가입해 있어 산업별로 원하는 정보를 구할 수 있었다.

둘째, 현지 한국 공공 기관인 KOTRA와 중소 벤처기업공단을 통해서 연결하라

코트라(KOTRA)는 한국 기업의 수출에 많은 도움을 제공해온 기관이다. 내가 알기로는 외교부에서 대사관이나 영사관으로 나가 있는 숫자보다 KOTRA가 나가 있는 나라의 숫자가 더 많은 것으로 알고 있을 만큼 한국 기업의 수출에 많은 도움을 제공해 온 주인공이라 할 만하다. 1962년에 설립된 코트라는 중남미, 아프리카 등 개발도상국가들에도 사무소를 두고 있고, 내가 멕시코에 주재할 때인 2011년경에는 쿠바에도 개설되어 있었다(당시 쿠바에는 대한민국 대사관이나 영사관이 없었지만, 코트라는 있었다).

그리고 최근에는 중소기업을 위한 중소벤처기업공단(이하 중진공)이 진출해 있는 국가들도 많이 있다. KOTRA와 중진공이 협력하여, 중소기업들의 현지 진출 관련하여 많은 도움을 주고 있고, 이를 통해 많은 정보를 취득할 수 있다. 나 또한 호주, 미국, 멕시코, 독일을 거치면서 해외에 파견 나와 있는 KOTRA분들, 중진공분들과 친밀한 관계를 맺으며 현지 많은 정보를 취득하여 비즈니스에 활용을 많이 한 바 있다. 코트라와 중진공을 통해서 현지의 상공회의소나 대한민국 공공기관을 연결할 수도 있다.

셋째, 현지 구청 방문을 통해서 연결하라

구청 방문을 통해서 현지 상공회의소와 연결하라고 하니 무슨 뜬구름 잡는 이야기인가 하는 분들도 계실 듯하다. 비즈니스 관련 정보를 얻는 데 구청 방문을 통하라니?

그러나 이는 엄연한 사실이다. 선진국일수록 구청(혹은 동사무소)이나 시청 등 공공시설에 대한 서비스가 좋다. 국민들의 세금으로 운영되고 있기에 그 동네에 사는 국민(우리와 같이 그 동네 사는 사람들도 세금을 내기에 거의 동일한 혜택을 받을 수 있다) 거주민들에 대한 구청 직원들의 적극적인 친절은 감동이었다.

사실, 내가 독일에서 구청을 가게 된 건 거주지 신고 때문이었다. 독일의 경우에는 구청에서 근무하는 직원들도 영어가 유창하여, 관련 업무를 하다가 여러 가지 문의를 하면 웬만한 경우다 알려준다. 독일 등 유럽 국가들은 세율이 높지만 그만큼 복지 혜택이라든가 거주민들에 대한 배려가 무척 많다. 나는 독일에서 살 때 가족들이 각기 따로따로 입국을 해서 여러 차례 구청을 방문하게 되었는데, 그때마다 내가 알고 싶은 정보에 대해 많은 걸 취득했다. 구청 내 상공회의소 연락처와 직원분을 소개받아, 그 지역 내 업체 리스트도 얻을 수 있었다. 내가 오지랖이 넓어서 그런지 모르겠지만, 적극적으로 문을 두드리면 열린다는 격언은 해외에서도 통한다.

넷째, 직접 연락하고 방문하라

내가 현지 상공회의소를 잘 활용하면 많은 정보를 얻을 수 있음을 알게 된 건 아주 우연한 기회였다. 당시 독일 법인장으로 부임하였을 때 총영사관에서 법인장/지사장들에게 프랑크푸르트 인근 와이너리에서 시음 초청장을 보내와서 방문한 계기 때문이었다. 알고 보니, 뤼데스하임 지역의 상공회의소에서 한국 총영사관에게 한국 기업들의 법인장/지사장들에게 무료로 시음의 기회를 주고 자기네 지역 내의 와인 홍보를 하려는 게 그 목적이었던 것이다. 호주나 미국, 멕시코에서는 접할 기회가 없었지만, 독일에서는 지역 내 상공회의소가 있어 이러한 모임이 활발히 활동을 하고 있었다.

나는 이 모임에 나가 상공회의소 회원분에게 나와 관련한 산업 분야에 대한 업체나 정보도 얻을 수 있는지 문의했다. 그리고 즉각 마침 한 분을 소개받고 며칠 후에 만나서 미팅을 할 수 있었다. 아무런 정보도 없이 해외에 나가려는 중소기업에 계신 분들은 현지 상공회의소를 통해 업체 리스트를 파악하는 것도 좋을 듯싶다. 한 번은 한국에 와인을 판매하고 싶은데 관련 업체를 소개해달라는 부탁을 받고 지인과 연결해준 적도 있다. 이런 것을 보면, 상부상조는 한국에서만 통용되는 단어가 아니라 글로벌하게 통용되는 단어임을 다시 한번 느낀다.

현지 타깃을 설정할 때는 거점을 마련할 기준 입지를 선정하고 공략하라

거점 선정은 매우 중요하다

위치, 즉 거점의 중요성은 살고자 하는 집뿐만 아니라 비즈니스에서도 매우 중요하다. 생산 공장이 어느 위치에 있느냐, 또 판매법인이 어느 도시에 위치해 있느냐는 생산량과 비용 측면 그리고 판매량에 영향을 미칠 만큼 중요한 요소이다. 현대차, 현대중공업(조선), 포스코 등 공장의 입지를 보면 생산 공장의 거점이 얼마나 중요한지 알 수 있다.

해외 진출한 기업들의 판매법인도 그 거점이 어디냐에 따라 매출에 지대한 영향을 끼친다. 그렇기에 사전 시장조사는 매우 디테일하게 이루어져야 한다. 예를 들면, 현대차의 프리미엄 브랜드인 제네시스를 판매하기 위해 판매법인을 소도시의 인구도 없는 곳에 마련하는 것보다는 대도시, 즉 소득 수준이 높아 프리미엄 차를 구매할 수 있는 여력이 많은 곳에 거점을 마련하는 것이 판매에도 더 도움이 될 것이다.

내가 다녔던 전 회사도 오랫동안 북미 본부 사무실이 미국 서부 LA에 있었다. 물론 전국에 영업사원들은 있었지만, 본부가 서부에 있다 보니 서부에 자연적으로 보다 집중할 수밖에 없었다. 그래서 동부가 워낙 경쟁사에게도 뒤처져서, 시장이 큰 북동부 지역에 거점을 마련했었다. 2008년에 터진 리먼브러더스 사건으로 다시 문을 닫고 이후에는 LA와 뉴욕 거점을 애틀랜타로 일원화하였다.

이처럼 거점 선정은 매우 중요하기에 기업들은 거점을 선정할 때 여러 가지 요소들을 고려하여 정한다. 거점을 선정하는 데 필요한 조건을 하나씩 살펴보자.

판매법인이라면 가급적 대도시가 낫다

판매법인이라면 대도시에 거점을 마련하는 것이 좋다. 그중에서도 다음의 세 가지 요소를 체크하는 것이 필요하다.

첫째, 시장이 큰 곳에 마련하는 것이 좋다. 이는 너무나 당연한 이야기이다. 시장 수요가 큰 곳에 거점이 마련되어야 가까이 있으면서 시장조사도 하고, 시장 공략도 용이하기 때문이다.

둘째, 인재를 쉽게 구할 수 있는 곳이어야 한다. 오랜 직장 생활 및 해외 생활에서 터득한 건, 역시 사람이 중요하다는 것이다. 인재를 손쉽게 구할 수 있는 지역에 거점을 마련해야 한다. 지금은 한국 기업들의 위상이 매우 높아져 한국 기업들의 문을 두드리는 현지 젊은이들이 많아졌지만, 과거에만 해도 해외에서 유능한 직원 채용이 쉽지 않았다.

셋째, 공공기관이 가까운 거리에 있는 곳에 마련해야 한다. 이 이유는 공공기관이 있어야 많은 정보 취득이 용이하기 때문이다. 업무를 하다 보면 수시로 관련 기관들과 논의를 할 경우가 많은데, 이들이 위치해 있는 대도시에 함께 거점을 마련하는 것이 여러모로 유리하다.

큰 거래처가 있는 곳이 좋다

대도시에 거점을 마련하는 것도 좋지만, 이미 거래처가 있는 기업의 경우 현지 판매법인을 개설할 때는 가장 큰 거래처가 위치한 도시에 거점을 마련하는 것도 좋다. 가장 큰 거래처와의 잦은 미팅 등이 필요하기에 그 업체가 위치한 도시에 거점을 마련하는 것도 나쁘지 않다.

내 경우를 보면, 호주 시드니에서는 큰 업체도 시드니 인근에 위치에 있었기에(가장 큰 업체가 시드니 인근에 위치에 있었기에 판매법인도 시드니에 거점을 두었다) 거리상 가까웠으므로 매주 수시로 방문하면서 영업/마케팅/물류에 대한 논의를 편히 할 수 있었다. 멕시코에서도 가장 큰 업체가 멕시코시티에 있었기에 거점과 가까워 자연스럽게 자주 방문을 했다.

미국의 경우에는 물류 창고를 가장 중요한 요소로 판단했었기에 LA 시내에서 차로 약 1시간 30분이 걸린 지역에 거점을 잡았는데, 업종 때문이었는지는 모르겠지만 내 판단에는 북미 본부의 거점으로는 그다지 좋은 위치는 아니었던 것 같다. 그래서인지 이후에 애틀랜타로 이전을 했다. 멕시코에서는 멕시코시티 내 가장 좋은 지역에 위치해 있었고, 독일도 프랑크푸르트 인근에 있었기에 큰 거래처 방문이 상당히 용이했다. 거래선들과의 소통은 여러모로 중요하다. 이들과의 원활한 소통이 매출 증대에 지대한 영향을 끼치기 때문이다.

국제 공항이 있는 곳이 매우 유리하다

멕시코에 근무할 때 많은 회사들의 중남미 거점이 멕시코시티에 있는 경우도 있었고, 브라질 상파울루에 있는 경우도 있었으며, 파나마에 있는 경우도 있었다. 업종에 따라 멕시코가 가장 큰 시장인 기업의 경우에는 멕시코시티에 거점을 마련했고, 또 브라질이 가장 큰 시장인 기업들의 경우에는 브라질 상파울루에 거점을 마련했다. 그런데, 개중에는 파나마에 거점을 마련한 회사들도 있었다.

알다시피 파나마는 아주 조그만 도시국가이다(과거에는 콜롬비아의 한 도시였으나, 파나마 운하 때문에 미국이 강제로 독립시킨 걸로 안다). 파나마에 진출한 회사들은 그 이유가 중남미 국가들에 출장을 가기 용이한 지역이기 때문이다. 중남미 대륙의 가운데 지역에 위치해 있으니, 중남미 나라 출장 때문에 그곳에 거점을 마련한 회사들도 있었다. 그런데 내가 있으면서 특이하게 생각한 회사가 있었는데, 현대자동차였다. 당시 현대자동차의 중남미 지역 본부는 중남미 나라가 아니라 미국 마이애미에 위치해 있었다. 중남미 지역 본부를 중남미 지역이 아닌 미국 마이애미에 마련한 건 지금도 솔직히 이해가 안 가지만, 당시 현대차 분들에게 전해 들은 바로는 미국 마이애미가 중남미 국가들로 가는 항공편이 가장 편리했기 때문이었다고 한다.

지금도 여전히 이해가 안 가지만, 세계 일류 회사인 현대자동차가 그렇게 결정하게 된 이유는 충분히 있을 것으로 보인다. 미국의 마이애미는 스페인어만 해도 전혀 지장이 없을 정도로 중남미 이민자들이 많이 있고, 인재 유치도 훨씬 유리했기에 그러지 않았나 생각한다. 거점 선정은 이렇듯 매우 중요하다. 대기업이나 중소기업들도 거점 선정에서 면밀히 조사하고 결정해야 한다.

거래처 발굴 및 협상 노하우

거래처의 신용 체크

거래처 발굴은 발로 뛰어다녀야 하고 손으로 열심히 서치(인터넷)해야 한다. 그만큼 원하는 거래처를 발굴할 수 있다고 본다. 유망하다고 생각되는 거래처를 발견했으면 거래를 본격적으로 하기 전에 여러 가지 사전 확인 작업을 해야 한다.

수차례 강조했듯이 가장 중요한 건 신용 체크이다. 개인도 신용등급이 있듯이 기업들도 신용등급이 있다. 거래처의 신용등급 확인은 우리나라 공공기관인 한국무역보험공사를 통하면 쉽게 알 수 있다. 특히, 선진국들의 경우에는 신용 거래가 대부분이다. 후진국들의 경우에는 T/T(계좌 이체 방식 거래) 또는 L/C(신용장) 거래를 한다. 먼저 돈이 입금되는 걸 보고 물건을 넘겨주거나, 신용장처럼 은행이 보증하는 것이 안전하지만, 미국이나 호주, 독일 등 선진국은 신용 거래를 기반으로 한다. 즉, 어떠한 담보나 선금 없이 물건을 넘겨주는 경우가 대부분이다.

선진국의 경우에는 신용을 매우 중요하게 생각하기 때문에 대부분 이런 식의 거래를 한다. 그러나 물건을 파는 입장에서는 그럼에도 불안하기 때문에 이에 대비해 보험을 드는데, 우리나라의 한국무역 보험 공사가 각 거래선의 신용등급을 파악하고 일정 금액을 보장해준다. 만약, 신용이 좋지 않은 기업들의 경우에는 한국무역보험공사 블랙리스트에 올라가 있기에 거래를 하지 않으면 좋겠다는 권유를 받기도 하고, 또 보장할 수 있는 금액이 적어지기에 활발한 거래를 할 수 없는 제약이 생기기도 한다.

이러한 확인 절차를 함에도 거래를 하다 보면 피치 못할 사정으로 거래선의 부도를 맞이하게 되는 경우도 가끔 생기곤 한다. 내가 뉴욕 사무소장으로 근무할 당시에 미국의 유명 자동차 부품 프랜차이즈 스토어에 물건을 납품하고 있었다. 모기업이 일본 회사였는데, 모기업의 재정 상태도 탄탄하고, 미국 내에서도 큰 문제가 없었던 회사라 지속적으로 납품을 하고 있었다. 그런데 어느 날, 뉴스에서 그 회사가 Chapter 11(미국 파산법의 챕터 11

은 회생 가능성이 없는 기업의 청산을 규정한 '챕터 7'이나 개인파산 절차를 담고 있는 '챕터 13'과 달리 파산법원의 감독하에 구조조정 절차를 진행해 회생을 모색하는 제도로, 국내의 법정관리와 유사하다. 미국 법원은 부채의 일부 혹은 전액 탕감이나 상환 유예 등 수단으로 기업을 정상화시키는 것이 청산하는 것보다 경제적으로 더욱 이익이라고 판단되면 챕터 11의 신청을 받아들인다)을 신청하게 된 것이었다. 당시 내 관할 거래선은 아니었지만, 그 회사가 'Chapter 11'을 신청해서 워싱턴 DC에 있는 연방 법원에서 채권자들과 부채에 대해 어떻게 해야 할지 논의했던 기억이 난다. 결국 미국 법원에서는 일정 부분의 부채 탕감을 해줘서 당사가 받지 못한 금액이 상당했었다. 이렇듯 신용체크를 한다고 해도 급작스럽게 법정관리에 들어갈 수도 있으니, 매출과 돈 입금은 매우 면밀히 체크해야 할 사항이다.

현지 변호사도 고문으로 활용하라(현지 변호사를 통한 레퍼런스 체크 리스트)

내가 근무했던 회사는 대기업이었기에 매달 일이 있든 없든 일정 금액의 자문료를 제공하면서 수시로 관련 법규나 거래처의 레퍼런스 체크를 하는 데 활용했다. 현지에서 가장 취약한 부분이 현지 법을 잘 몰라 생기는 실수들이다. 처음 진출하는 중견/중소기업들도 이런 비용을 사용하는 데 아낌이 없어야 한다. 현지법을 어겨 생기는 추후 손실보다 사전에 미리 미리 현지법 테

두리 안에서 비즈니스를 하게 되는 것이 훨씬 절약이 된다는 걸 알게 된다.

예를 들면, 거래처 발굴에 따른 계약서를 쓸 때 단순히 문구 하나하나라도 현지 변호사로부터 확인을 받고 진행해야 한다. 향후에 혹시 모를 법적 소송으로 인한 불이익을 당하지 않기 위해 아주 단순한 계약서라도 변호사의 자문을 받아야 한다. 많은 실수를 하는 부분 중 하나인데, 가령 독점 거래 문구를 넣어서, 향후 그 거래처의 매출이 좋지 않거나 또 직판을 하게 될 수 있는 경우 등 여러 상황에 대비해야 한다.

나의 경우에는 호주, 멕시코, 스위스 등의 거래처를 바꿀 때 늘 현지 고문 변호사의 자문을 득한 후 진행을 했었기에 법적인 문제를 당한 적은 없었다. 다만 멕시코에 있을 때 아주 오래된 거래선을 변경시키는 과정에서 이런 경우가 있었다. 과정상 아무런 문제가 없었기 때문에 당사자로서도 법적으로는 어찌할 방법이 없었음에도 불구하고 본사에 투서가 들어온 적이 있었다. 물론 나는 어떠한 잘못도 없었고 회사 매출 확대를 위해서 거래처를 변경한 사례였기에 오히려 칭찬을 받고 해프닝으로 끝나기는 했다.

협상은 상호 이익이 되어야…

오랜 해외 영업 업무를 통해 내 머릿속에 박혀 있는 게 하나 있다. 늘 협상은 상호 '윈윈(Win, Win)'이어야 한다는 것이다. 어느 한쪽만 일방적으로 이익이 된다면 그 협상은 결코 성공할 수 없다. 거래처가 성공해야 제조업체도 성공할 수 있다. 일방적이면 그 협상은 잘되었다고 볼 수 없다. 호주에서의 아픈 기억이 떠오른다.

당시 나는 한국으로의 귀임을 앞두고 있었다. 그런데 기존 거래선의 매출로는 판매 목표를 달성하기가 어려웠다. 그래서 두 번째 브랜드 거래선을 발굴하여 그 거래선을 통해 매출을 확대했었다. 그러나 얼마 후 그 거래처는 판매를 제대로 하지 못하고 재고만 많이 쌓아두다가 결국 파산에 이르게 된 것이다.

이 일로 당시 그 거래선에게 정말 미안한 감정이 아직도 남아 있다. 거래처의 판매 상황을 고려하지 않고 밀어내기식으로 오더만 강요했던 결과였다. 결론적으로 몇 개월 동안 판매 목표 달성의 기쁨이 더 큰 수렁에 빠졌던 아픈 기억이 있다.

이 일로 나는 무리한 판매 종용을 하지 않고 거래처가 판매를 잘할 수 있게끔 서로 돕는 역할을 함께했다. 거래처들은 오더한 물건들이 잘 팔리면 오더하지 말라고 해도 자동적으로 오더를 하게 되어 있다. 이것이야말로 서로에게 이익이 되는 협상이다.

아울러 협상에 관한 여러 책들이 있지만, 내가 읽은 책 중에서 감명 있었던 책 부분을 소개해보겠다.

브라이언 트레이시는《사업성공의 길(The way to wealth)》(씨앗을 뿌리는 사람, 2007)에서 협상에서 성공하는 전략을 소개한 바 있다. 저자가 책에 소개한 협상의 성공 전략을 간추리면 다음과 같다.

- 무제한 가능성 원칙 : 방법을 안다면 항상 더 훌륭한 거래를 성사시킬 수 있다.
- 더 좋은 조건을 원한다면 요청하라.
- 상대가 어떤 가격을 제시하든 상관없이 놀랍거나 실망스럽다는 반응을 보여라.
- 다른 곳에서 더 좋은 조건을 얻을 수 있다는 사실을 항상 넌지시 알려라.
- 모든 협상에서 이 네 요소 가운데 한 가지가 주요 문제이며 나머지는 부수적이다.
- 사람들은 더 빨리 욕구, 필요, 소망을 충족시킬 방법을 선호한다.
- 오늘의 보상과 내일의 보상 중 한 가지를 선택해야 할 때 특별한 이유가 없다면 더 이른 보상을 선호한다.
- 시간은 소중하고 지금이 나중보다 더 가치 있기 때문에 사람들은 누구나 더 빠르고 쉽게, 더 많이 얻기 위해 조바심을 낸다.

- 협상에서 타이밍은 가장 중요하다.
- 시급한 욕구일수록 협상의 효과가 떨어진다.
- 시간의 압박감에 굴복하는 사람이 거래에서 최악의 결과를 얻을 것이다.
- 협상에 할당된 시간 중 마지막 20%에 협상의 중요 문제 80%를 해결한다.
- 협상에서 지불 조건이 가격보다 더 중요하다.
- 조건을 결정할 수 있다면 거의 모든 가격에 동의할 수 있다.
- 아무리 훌륭하다 해도 절대 첫 제안을 수락하지 마라.
- 처음에는 그다지 매력적이지 않은 제안이라도 대뜸 거절하지 마라.
- 협상 성공의 80% 이상은 얼마나 잘 준비했는지 여부에 달려 있다.
- 사실이 가장 중요하다.
- 사전 조사를 실시하라. 사소한 세부 사항 덕분에 협상이 성공할 수 있다.
- 확인하지 않은 가정을 점검하라. 실수의 원인은 대부분 정확하지 않은 가정에 기인한다.
- 상대가 합의한 조건과 상황을 승인할 권한이 있을 경우에만 성공적으로 협상할 수 있다.

- 상대에게 거래를 결정할 권한이 있는지 미리 판단한다.
- 최종 결정을 내릴 수 없는 사람과 거래할 때 우리도 역시 최종 결정을 내릴 수 없다고 밝힌다.
- 다른 사람의 입장에서 생각하면 더 효과적으로 준비하고 협상할 수 있다.
- 힘이 더 대단한 사람이 협상에서 더 유리한 조건을 얻을 것이다.
- 우리가 어떤 식으로든 상대에게 해를 끼치거나 도움을 줄 힘을 보유하고 있다고 느끼지 않는다면 상대는 협상하지 않을 것이다.
- 힘은 인식의 문제이다. 즉 보는 사람마다 힘을 다르게 인식한다. 무관심, 권위, 전문 지식, 공감, 상벌의 힘 등으로.
- 협상이 성공하기를 가장 원하는 사람의 교섭력이 가장 약하다.
- 아무리 간절히 원하는 거래라 해도 중립적이고 초연한 것처럼 보인다.
- 상대가 안달하도록 만들수록 더 유리한 조건을 얻을 수 있다. 물론 이것이 성공적인 판매의 핵심이다.
- 누구나 상대방의 제안이 양측에 유익하기를 바라는 잠재적 욕구를 가지고 있다.
- 어느 한쪽이 먼저 양보한다면 이는 그들이 거래하기를 더

원한다는 뜻이다.

- 협상에서 양보 안을 제시할 때마다 반드시 상대방에게 이에 상응하는 혹은 이보다 더 큰 양보를 얻어낸다.
- 사소한 문제에 사소한 양보를 하면 중대한 문제에 중대한 양보를 요구할 수 있다.
- 자리에서 일어나 밖으로 나가기 전까지는 최종 가격이나 조건을 결코 알 수 없다.
- 협상에서 전혀 겁먹지 않고 자리를 뜰 수 있는 측이 힘을 보유하고 있다.
- 협상에서 자리를 뜨는 것은 협상의 또 다른 방식이다.
- 최종적인 협상이란 존재하지 않는다.
- 합의 내용이 불만스럽다면 협상을 재개하자고 요청한다.
- 규칙적으로 제로베이스 사고방식을 이용해 '이 문제를 다시 협상한다면 같은 조건에 동의할 것인가?'라고 자문한다.

거래선 입장에 서라

사람을 대상으로 할 수 없는 일은 없다!

나는 해외 영업만 30년 넘게 해온 덕에 정말 많은 사람들을 만나왔다. 한국 사람보다 외국 거래처 사람을 더 많이 만나고 그들과 더 많이 협상을 했다. 그래서 그런지 (국적을 막론하고) 첫인상만 보고 몇 마디만 해보면 어떤 부류의 사람인지 파악을 할 수 있을 정도가 되었다. 이게 다 경험에서 우러나오는 것이라 생각한다.

영업 일을 하다 보면, 물건을 파는 사람일지라도 때로는 갑이 되기도 하고 을이 되기도 한다. 그러나 선진국 거래선들과 만날 때는 거의 대부분 을의 위치에 있었던 같다. 그렇기에 나는 그들이 뭘 좋아하는지, 그리고 그들의 마음을 사기 위해 부단히 노력을 했다. 말 한마디 한마디를 놓치지 않으려고 했고, 대화 중에 뭘 좋아한다고 하면 미팅 후에 나만의 미팅 기록을 통해 메모를 해놓고 그들이 좋아하는 걸 선물하거나 그와 관련된 이야기를 하려고 노력했다.

나는 근본적으로 사람을 대상으로 할 수 없는 일은 없다고 생각한다. 그리고 나는 역지사지(易地思之)라는 단어를 좋아한다. 상대방의 입장에서 생각하면 이해의 폭이 매우 넓어지고 대화가 쉽게 풀어진다고 믿는다.

취미를 나누면 가까워진다

호주는 레크리에이션과 스포츠 천국의 나라이다. 미국과 동일한 땅 크기에 인구는 겨우 2천만 명에 불과하다. 땅이 넓으니 골프장도 많고 가격도 저렴하다. 테니스 코트를 빌려 테니스 치는 가격보다 그린피가 더 저렴할 정도이다.

나 역시 호주에서 열심히 골프를 쳤다. 매주는 아니었지만, 한 달에 한 번 골프를 치자는 거래선 덕분에 웬만한 이름난 골프장은 거의 가봤다. 골프 라운딩의 좋은 점은 사무실 밖에서 이어지는 비즈니스 대화에서 많은 도움을 받을 수 있었다는 사실이다. 사실 거래선을 통해 취득해야 하는 정보 가운데는 오더 수주

만 있는 것이 아니다. 시장 정보, 현지 사정에 관한 정보 등도 많이 취득해야 했는데, 이때 같이 땀 흘리고 라운딩을 한 스킨십이 도움을 주었다고 생각한다.

호주 전 국토의 약 3분의 1을 차지하는 웨스턴 오스트레일리아의 주도인 퍼스(Perth)로 출장을 갈 때마다 그곳에 있는 거래선은 늘 금요일에 시드니로 돌아가지 말고 토요일에 돌아가라고 권했다. 그러고는 자기 소유의 조그마한 배를 같이 타고 대서양 망망대해로 나가 같이 낚시를 즐기곤 했다. 퍼스에서 배로 2시간 이상을 가면 뱃멀미 때문에 여간 고통스러운 게 아니다. 그럼에도 거래선이 원하고, 나 역시 그 거래선과의 거래를 원했기에 그와 함께 망망대해로 나가는 것을 거절하지 않았다.

당시 신혼이었던 나는 바다낚시보다야 당연히 아내와 함께 보내고 싶었다. 게다가 바다낚시를 위해 토요일 하루를 더 있어야 하는 것은 곤혹이었다. 하지만 그렇게 견뎌온(?) 덕분에 그 거래선과의 끈끈한 관계는 20여 년이 지난 지금도 이어지고 있다. 우리는 여전히 서로 안부를 묻고 비즈니스 관련하여 도움을 주는 사이로 남아 있다.

미국에 있을 때 뉴욕 북부 나이아가라 폭포 인근에 위치한 거래선은 카지노를 좋아했다. 그는 나를 만나기만 하면 카지노에 데리고 가서 함께 게임을 즐기자고 설득했다. 처음에는 카지노에 대한 좋지 않은 이미지 때문에 게임에 참여하지 않았다. 카지노는 게임이라기보다는 '도박'이라는 인식과, 한번 빠지면 영 헤어나오기 힘들다는 주위의 말에 아예 발을 들여놓지 않으려고 했다. 그 거래선이 하는 걸 옆에서 지켜만 보았다. 그러다가 결국 100달러로 룰렛(공을 돌린 후 번호를 맞히는 게임)을 2시간 동안이나 할 수 있는 경지(?)에 오르기도 했다(룰렛 게임으로 100달러를 2,000달러로 만든 경험도 있다).

나는 카지노에 갈 때 딱 100달러만 갖고 간다. 그리고 그 돈으로 산 칩을 다 쓸 때까지 1~2시간 놀면서 시간을 보낸다. 그렇게 한 뒤 100달러를 가지고 재미나게 시간을 보냈다고 생각한다. 카지노를 즐기는 방식은 이렇게 간단명료하다.

카지노에서 가산을 탕진하거나 돈을 잃는 사람은 그 시간을 즐기는 시간으로 생각하지 않는다. 조금이라도 돈을 잃으면 잃은 돈을 생각해 본전을 찾으려 하고, 그러다가 점점 베팅 액수를 늘려가며, 그렇게 점점 카지노에 빠지게 되는 우를 범하게 된다. 카지노는 고도의 절제심이 필요하기에 나 역시 주변인에게 그다지 권유하지는 않는다. 하지만 거래선이 원했기에 나는 그곳에 참여했고, 즐기자는 원칙을 고수하기 위해 부단한 노력을 했다.

거래선의 정치 취향도 파악하라

한국 사람들끼리 정치 이야기를 하다 보면 진보니 보수니 하며 양 진영으로 나뉘지만, 이는 외국도 마찬가지다. 그래서 가능하면 정치 이야기는 안 하려는 이들이 많지만, 실천하기란 그다지 쉽지 않다. 우리 일상생활과 뗄 수 없는 영역이 정치이기도 하고, 또 정치만큼 사람들의 이야기 소재로 자주 등장하는 것이 없기 때문이다.

그러나 정치 이야기를 할 때 자기만의 주장만 펼치게 되면 서로 감정의 골이 깊어지고 싸움으로까지 이어질 수도 있게 된다. 그래서 나도 정치 성향을 외부로 잘 드러내지 않을뿐더러 정치 성향이 다른 사람들과는 가능하면 대화를 하지 않으려 한다. 외국 사람들도 이런 경향은 비슷하다. 미국도 보수 성향의 공화당, 진보 성향의 민주당 지지자가 나뉘고, 독일도 마찬가지다.

그런데 영업을 하다 보면, 정치 이야기를 피해가지 못하는 때가 더러 생긴다. 거래선들과 마냥 비즈니스 이야기만 하지는 않기 때문이다. 때로는 그 나라의 정치 이야기도 가끔 대화 테이블 위에 올리게 마련이다. 이때 해당 거래선의 정치 성향을 사전에 파악해서 그의 의견에 동조해주면 대화가 술술 잘 풀어진다. 이는 한국도 마찬가지일 것이다.

그래서 나는 거래선의 정치 성향을 파악하기 위해 주로 그들이 구독하거나 좋아하는 신문은 뭔지 물어본다. 한국도 보수 성향의 신문/방송이 있고 진보 성향의 신문/방송이 있지 않은가? 북미나 유럽도 대동소이하다. 그렇게 파악한 뒤 대통령은 이렇고 총리는 저렇다는 이야기를 건네고 세금 이슈나 파병 이슈 등을 이야기하면서 그들의 논조에 어느 정도 맞장구를 쳐주면 그렇게 좋아할 수가 없다. 물론 영업을 위해서 나의 영혼도 팔아야 하는 일일 수 있지만, 외국에서까지 자기의 정치 성향에 대해 핏대를 세우며 논쟁할 필요는 없지 않은가?

거래선 중에도 월급쟁이 대표와 오너의 성향이 다른데, 오너 중에는 직접 정치에 몸담는 경우를 본 적도 있다(우리나라도 사업가들 중 정당에 가입하여 정당 활동을 하는 경우와 비슷하다). 거래선의 정치 성향을 내가 반드시 따라가야 한다는 이야기는 아니다. 하지만 상대의 정치 색깔을 알고 있다면, 적어도 크게 실수하는 일 정도는 막을 수 있다.

늘 '을'처럼 행동하라

앞에서 잠깐 언급했지만, 나는 오랜 기간 대기업에 다녔기에 영업직이었지만 갑의 위치에도 있었고 을의 위치에도 있었다. 물론 을의 위치가 훨씬 많았지만, 아시아, 중남미, 아프리카 지역 담당을 했을 때는 주로 갑의 위치였다. 그들에게는 제품의 구매가 더 중요했기에 물량을 더 보내달라고 하기도 하며 선물을 보내온 적도 많았다.

그러나 역시 영업 활동에는 '을'의 자세가 필요하다고 본다. 신입 사원 시절, 나는 남태평양 도서 지역을 담당했었다. 뉴칼레도니아, 타이티, 괌, 사이판, 파푸아뉴기니, 사모아, 피지 등 시장 규모가 작아 사실 윗분들이 방치까지는 아니어도 거의 신경을 쓰지 않은 시장이었다. 나는 누가 알아주든 알아주지 않든 최선을 다해 열심히 커뮤니케이션하고 그들의 요구 사항에 대해 일일이 회신을 해줬다. 영어가 안 되는 뉴칼레도니아 거래선과는 불어로 소통하니 그 오너가 너무너무 좋아했던 기억이 있다.

연간으로 쳐야 100만 달러도 안 되는 매출이 내가 담당하고 나서 2배로 급증했다. 당시 팀장님(이후 계열사 사장 역임)은 신입사원이 신나게 오더 수주하는 걸 보고 무척 흐뭇해하셨다. 아무리 작은 규모의 거래선이라도 정말 나는 최선을 다했다. 호주로 부임한 이후에 가족들과 뉴칼레도니아를 여행한 적이 있었는데, 우연히 그 거래선에게 연락을 하니, 정말 에티엔(Etienne)이 맞냐고[내 영어 이름은 스티브(Steve), 불어 이름은 에티엔(Etienne)이다. 공통적으로 가톨릭 세례명인 스테파노라는 뜻이다], 당장 차를 내가 묵고 있는 호텔로 보낼 테니 자기한테 오라고 하였다.

얼떨결에 그 거래선이 묵고 있는 대저택에 초대받아 갔는데, 알고 보니 뉴칼레도니아의 대갑부, 우리로 치면 '정주영' 회장급이었다. 뉴칼레도니아의 가장 좋은 리조트를 소유하고 있었는데 나보고 왜 미리 연락하지 않았냐고, 자기네 리조트로 오라고 했으나 이미 난 패키지 호텔로 예약을 다 한 상황이라 그 거래선의 호의를 받아들이진 않았지만, 그날 성대하게 베풀어 준 디너에는 참석을 했다.

그는 이어 나와 거래를 할 때가 가장 행복하고 즐거웠다며, 가족들 앞에서 나에 대한 칭찬을 멈추지 않았다. 괜스레 나도 집 사람 앞에서 우쭐해졌다. 이후 그 거래선은 나이가 들어 하늘나라로 갔지만, 그 큰아들은 호주 시드니의 왓슨스 베이의 대저택에 거주하면서 가끔 우리 가족을 초대하곤 한다. 거래선에게 정성을 다하고 최선을 다하면 좋은 인연이 길게 이어진다는 것을 이 일로 새삼 더 느낄 수 있었다.

인력 채용 시 유의할 점 4가지

유능한 인력은 어떤 인력인가?

현지에서 인력을 채용하는 시기는 현지 생산 법인 설립 혹은 판매법인 설립을 한 후에 해야 한다. 인력 채용을 할 때는 채용 계획에 따라 어떤 인력을 몇 명 채용할 것인가를 고민해야 한다. 앞에서도 인사가 만사라고 언급을 했지만, '제대로 된' 인력을 채용해야 한다.

나는 사람에 따라 유능한 인력에 대한 정의가 다를 수 있다고 생각한다. 내 개인적인 생각으로는 가장 중요한 요소는 첫째, 성실한 사람인가 하는 것이다. 성실한 게 유능한 인력이냐고 반문

할 수도 있다. 해외에서 사무소장, 지사장, 법인장으로 일한 경험으로는 감히 성실한 게 그 어느 것보다 중요하다고 할 수 있다. 아무리 언어에 능통하고, 파워포인트, 엑셀 등 컴퓨터 스킬이 좋다고 하더라도 성실하지 않은 사람이라면 절대 채용하면 안 된다.

호주 근무 시, 인보이싱하는 여직원을 잘못 채용하여 큰일이 일어날 뻔한 일, 그리고 멕시코에서도 늘 거짓말을 일삼는 직원 때문에 속을 썩였던 일, 미국에서는 직원들과의 불화로 조직문화를 흩트려놓았던 직원, 독일에서는 늘 딴짓만 하던 직원 등등…, 나름 유능하다고 채용한 직원들 중에는 많은 실망을 안겨준 직원들도 적지 않았다.

이런 직원들의 공통점은 성실하지 않았다는 점이다. 물론, 업계에 따라 기준이 다르겠지만(IT업계는 번뜩이는 창의력이 더 중요하다고 볼 수 있겠다), 굴뚝 제조업의 경우에는 성실함이 가장 중요하다.

둘째는 거짓이 없는 사람이다. 해외에서 일을 하다 보면 은근슬쩍 자기가 처한 상황을 타개하고자 거짓말을 하는 직원이 많다. 한 번은 그럴 수 있겠거니 하지만, 한번 거짓말을 하는 직원은 두 번, 세 번 계속하게 된다. 그래서 나는 성실하고 거짓이 없는 사람을 우선적으로 고려해서 뽑고, 그다음으로 필요한 직무의 역할을 수행할 수 있는지를 본 후 채용한다.

인력 채용 방법

해외에 근무하면서, 부단히 많은 직원을 채용코자 인터뷰도 하고, 실제 채용도 하며, 또 노동법에 저촉이 되지 않는 범위에서 해고도 시켜봤다. 해외의 인력 채용 방법은 어떤 면에서 우리와 같고 어떤 면에서 우리와 다를까? 몇 가지로 정리해 소개해보겠다.

첫째, 대표적인 인력 채용 방법은 한국에서와 같이 헤드헌팅 회사를 통하는 것이다. 이 경우 단점은 비용이 매우 비싸다는 것이다. 특히 높은 급여를 줘야 하는 직원을 뽑을수록 헤드헌팅 회사에 지불해야 하는 커미션이 매우 비싸다. 그러나 일단 헤드헌팅 회사에서 먼저 인력에 대해 한번 검토를 한다는 장점은 있다.

둘째, 회사 홈페이지에 직접 공고를 내는 것이다. 이는 이미 자리가 잡힌 회사에는 유리하겠지만, 이제 막 첫 진출하는 회사의 경우에는 유능한 인력 채용이 쉽지 않을 것이다.

셋째, 현지 신문/잡지에 공고를 내는 것이다. 관련 산업의 잡지나 신문에 공고를 내면 의외로 그것을 보고 지원을 하는 지원들이 많다.

넷째, 현지 한인 온라인 매체나 한인 현지 신문에 공고를 내는 것이다. 요즈음은 세계 어느 나라에 가더라도 한인들이 많이 진출해 있기 때문에 한인 커뮤니티가 발달되어 있다. 그런 곳에는 한인 온라인 매체나 한인 신문/한인 잡지가 발행되는데, 이를 통해서 채용 공고를 내기도 한다.

넷째, 지인을 통한 채용이다. 그러나 나는 한 번도 지인을 통한 채용을 한 적이 없다. 이는 채용에 있어서는 공정해야 한다고 보기 때문이다. 그러나, 지인을 통해 소개를 받고, 공정하게 채용 절차를 밟는다면 좋은 인력을 채용할 수 있을 것으로 생각한다.

인력 채용 시 유의해야 할 점 4가지

선진국의 경우에 직원을 채용할 때는 레퍼런스 체크라는 걸 꼭 하게 된다. 이는 전 직장에 대한 평판을 의미하는데, 한국의 경우는 좋은 게 좋다고, 이런 체크가 들어오면 웬만하면 다 좋다고 한다. 그러나 미국이나 호주, 독일 등 선진국에서는 이런 레퍼런스 체크를 하면 정말 있는 그대로 다 이야기해준다. 이 사람이 전 직장에서 어떻게 일을 했는지, 성실했는지 그러지 않았는지, 업무 역량은 어떠했는지 등등….

나도 직원을 채용할 때 이런 레퍼런스 체크를 직접 전 직장에 한 적도 있었고, 또 나와 함께 일하던 직원이 타사로 전직할 때 그 회사로부터 레퍼런스 체크가 오면 있는 그대로 이야기를 해준 적도 있다. 그렇기 때문에 직장 이동할 때도 전 직장과의 관계, 특히 상사와 좋지 않게 헤어지는 건 바람직하지 않다.

통상 이런 레퍼런스 체크를 포함해 일반적인 직원 채용 시 유의할 점이 있다.

첫째, 직원이 합법적으로 일을 할 수 있는지 여부를 체크해야 한다. 의외로 미국이나 호주, 독일은 이민자의 나라이기 때문에 그 나라의 시민권자나 영주권이 없는 사람들이 많다. 따라서 합법적으로 일을 할 수 없는 비자 소지자인지 최우선으로 확인해야 한다. 물론 회사에서 꼭 필요한 경우에는 회사가 스폰을 할 수도 있지만, 이런 경우는 회사가 이미 셋업이 되어 있고 매출과 이익이 기반이 된 경우에만 가능하다.

둘째, 학력 사항을 제대로 파악해야 한다. 의외로 허위 학력 기재자들이 많이 있다. 특히, 헤드헌팅 회사가 아닌 신문/잡지 공고나 온라인 매체를 통해 지원한 후보자들의 경우에는 학력에 대해 철저한 검증이 필요하다. 독일 근무 시 20여 년간 근무했던 HR 담당 직원이 있었는데, 내가 회사를 떠난 후에 학력 검증을 회사에서 대대적으로 한 결과 그 직원의 학력 사항이 허위여서 놀랐다는 이야기를 전해 들었다. 물론 그 직원은 회사를 떠나야만 했다.

셋째, 신입 사원보다는 검증된 경력 사원을 채용하는 게 낫다. 알다시피 외국은 한국과 같은 공채 제도가 없다. 물론 최근엔 한국도 공채 제도가 없어지는 추세라고 한다. 이는 신입직의 채용이 점차 어려워지고 있다는 의미인데, 이런 신입 직원들은 인턴이라는 기간을 거쳐 채용되긴 한다. 그러나 회사 입장에서는 경력 사원을 채용함으로써 그 직원의 평판을 확인하고 아무런 문제가 없는 직원을 채용하는 것이 좋을 것이다.

넷째, 최소한 5년 이상은 근무할 직원인지 확인하고 채용하는 것이 좋다. 직원들의 잦은 이직은 회사로서도 손실이다. 1~2년 동안 직원 교육을 통해 생산성이 올라올 때쯤 타사로 이직을 할 것 같은 직원이라면 처음부터 뽑지 않는 것이 좋다. 물론 이직 여부를 사전에 100% 알 수 있는 방법은 없다. 그래도 채용 시 충분한 인터뷰를 통해 파악하는 노력은 반드시 필요하다.

현지화 추세

기업들이 해외에 진출하던 초창기에는 한국의 직원을 파견하는 비율이 훨씬 높았다. 그러나 최근 기업들은 한국에서 주재원으로 파견을 내보내면 무엇보다도 비용이 많이 들기에 우수한 현지인을 채용하는 것이 더 낫다고 판단하는 것 같다. 이 부분에서는 일장 일단이 있다.

솔직히 1명의 주재원(한국에서 파견 나가는 직원)의 비용으로 현지인을 2~3명을 채용할 수 있다. 주재원에게는 급여 이외에도 해외 근무 수당, 집값 보조, 의료 보험 지원, 차량 지원, 교육비 지원 등을 해줘야 하기에 현지인에게는 급여만 지원하는 것과 비교해서 비용 측면에서 많은 차이가 난다. 요즈음은 현지 직원들 중 우수한 2세들이 많기에 한국어뿐만 아니라 유창한 현지어를 사용한다는 측면에서 현지인으로 채용하려는 회사들이 많아지고 있다. 다만, 한국의 정서를 고려하면, 본사에서 지시하는 일에 대한 주재원들의 책임감과 현지인이 생각하는 책임감에는 차이가 있어, 주재원들을 선호하는 기업들도 있긴 하다. 어떤 것이 정답인지는 모르겠으나, 분명한 건 최근 추세는 주재원을 최소화하고, 현지 채용을 늘리고 있다는 것이다.

철저히 공부하고, 완벽히 파악하며, 데이터 기반으로 시장조사를 하라

지피지기면 백전불태

나는 육군 병장 출신이다. 군입대가 요즘 젊은이들 세대에는 핫 이슈이지만, 우리 세대(586세대)에도 군 입대는 20대 초반 젊은 남성들에게 매우 중요한 문제였다. 당시에도 군입대를 회피를 하려는 사람이 많았고, 군 비리 문제로 언론에 떠들썩한 적도 많았다.

솔직히 고백하자면, 나 역시 정말 군에 가고 싶지 않았다. 그러나 현역 판정을 받고, 논산 훈련소로 훈련을 떠나면서 나의 군

생활을 시작했다. 자대 배치는 강원도 고성으로 되었고, 그곳에서 군생활을 하면서 수많은 전쟁의 역사와 군사 전략에 대해 교육받았다.

사회에 나와 직장 생활을 하면서 느낀 것은 많은 영업 전략이나 마케팅 전략 등이 모두 군사 전략에서 나왔다는 사실이다. "지피지기(知彼知己)면 백전불태(百戰不殆)"는 《손자병법》에 나오는 전략으로, 나를 알고 적을 알면 백 번 싸움에 나가도 위태롭지 않다는 뜻이다. 이는 영업 전략에도 딱 맞는 이치이다. 제품도 자사 제품만 알거나 판매망도 자기네 판매망만 알아서는 결코 영업 세계에서 승리할 수 없다. 적을 알고 나를 알면 거기에 맞는 전략 수립이 되니, 그 전쟁에서는 위태로움에 빠지지 않을 수 있는 것이다. 자사의 전략을 세우기 전에 반드시 상대방, 즉 경쟁사를 철저히 분석하는 일이 이래서 중요하다.

정확한 fact에 기반한 현황 분석

시장 분석이 왜 중요한가? 나는 늘 이런 비유를 든다. 의사가 환자를 진찰할 때, 제대로이고 정확한 진단이 되어야 정확한 치료를 할 수 있다. 오진을 하게 되면 그 오진에 따른 치료책이 나오니, 그 환자를 낫게 할 수가 없는 것이다.

나는 미팅을 가기 전이 훨씬 바쁘다. 미팅에서 무슨 말을 할지를 A4 이면지에 쭉 써본다. 예상되는 상대방의 질문, 그리고 나의 예상되는 답변까지……. 미팅을 위한 시장조사를 하니까 정말 미팅 전이 바쁘다.

이러한 시장 분석은 늘 사실의 데이터를 기반으로 해야 한다. 요즈음은 이러한 시장 분석을 전문으로 하는 기관이나 업체들이 있고, 이 업체들은 이러한 정보를 판매한다. 시장 분석 자료가 비싸다고 어떤 사람들은 이런 정보 없이도 판매만 잘할 수 있다고 하는 분들도 있을 수 있다. 하지만, 어쩌면 운이 좋아 한두 번 그럴 수 있다고 생각하고, 늘 사실 데이터(fact data)에 기반한 시장조사를 해야 정확한 판매 전략이 나올 수 있음을 명심했으면 한다.

내가 주로 사용하는 도구

나는 마케팅학에 대한 전문가는 아니다. 다만 오랜 해외 주재원 생활의 경험에 따른 경험론자이다. 회사생활을 하면서 많은 온라인, 오프라인 교육을 받으면서 배운 이론들을 실전(영업 활동)에 활용해서 성공한 전략들을 소개해볼까 한다.

1) STP 전략

STP 전략이란 시장을 세분화(Segmentation)하고, 세분화된 시장 중 표적 시장(Targeting)을 선정하며, 선정된 표적 시장에서 어떠한 위상(Positioning)을 확보할 것인지에 대한 방안을 수립하는 전략이다.

예를 들어보자. 현대자동차를 독일에 판매하려고 한다. 그러면 현대차는 독일이라는 시장을 세분화하고 어느 지역 경쟁사의 어떤 제품군이 많이 판매되는지, 그리고 인구 구조상 어떤 사람들이 분포해 있는지 등에 대한 세분화된 시장 조사를 한다. 그래서 베를린 지역에 대한 시장조사가 끝났으면 그다음으로 누구를 대상으로 판매 목표를 삼을 것인지에 대한 전략을 세울 것이다. 현대차가 30~50대의 연봉 1억 원 이상을 받는 사람들을 목표로 삼았을 경우, 이 목표층에서 현대차를 어떠한 제품군으로 포지셔닝하여 판매할지에 대한 전략을 세우는 것이다. 비단 자동차라는 제품뿐만 아니라, 어떠한 제품군에서도 STP 전략은 매우 유용하다.

2) SWOT 분석

이 분석은 영업 전략뿐만 아니라 여러모로 다방면에서 유용하게 사용했던 분석 툴(Tool)이다. 내가 배우자를 선택할 때도, 직장을 구할 때도 사용했던 분석 방법인데 실생활에서도 사용하면 매우 유용할 것이다.

S는 '강점(Strength)'의 앞글자이다. 우리 내부의 강점은 무엇인가를 파악하는 일이다.

W는 '약점(Weakness)'의 앞글자로, 마찬가지로 우리의 내부의 약점은 무엇인가를 파악하고 분석하는 일이다.

O는 '기회(Opportunity)'의 앞글자로 우리에게 기회는 무엇인가(외부 환경)를 살펴보며,

T는 '위협(Threat)'의 앞글자로, 우리에게 위협적인 외부 환경은 무엇인가를 분석하고 살핀다.

이렇게 4개 요소를 파악하고, SO 전략, ST 전략, WO 전략, WT 전략을 세우는 것이 SWOT 분석의 핵심이다.

구체적 방법은 이렇다. 먼저 약점을 나열해본다. 그리고 외부의 기회와 위협 요소들을 나열한다. 각각의 영역에 대해 향후 준비할 수 있는 대책들을 나열하다 보면 전략이 만들어진다. SWOT 분석은 시장 공략, 거래선 공략을 할 때 등 영업 전략에 매우 유용하다.

과거 총각 시절에 어머니께서 나에게 맞선을 많이 보게 했는데, 당시 나는 결혼 상대방에 대해 분석할 때 이 SWOT 분석을 써보았다(여성 독자들이 반발할 수도 있지만, 결코 나쁘지 않은 방법이다. 여성들도 남성 상대방에 대해 얼마든지 활용하면 좋을 방법이니 각자 배우자나 연인 후보자를 놓고 이 기법을 활용해보자).

3) 4P에 People을 더한 5P 전략

마케팅에서 4P 전략은 너무나 중요하고 기본적인 판매 전

략이다. 첫 번째 P는 Product, 즉 제품이다. 두 번째 P는 Place, 즉 유통 전략이다. 세 번째 P는 Price, 즉 가격 전략이고, 네 번째 P는 Promotion, 즉 광고 홍보 전략이다. 대부분의 영업/마케팅 전략자들은 4P에 기반한 전략을 세우고 이를 마케팅 4P 믹스(Mix) 전략이라고 부른다. 나는 여기에 하나 더 P를 붙여서 다섯 번째 P로 People, 즉 사람과 조직을 추가한다.

제품, 판매 유통 채널, 가격, 광고 홍보, 이렇게 4가지의 핵심 요소로 구성되는 마케팅 믹스에서 제품(Product)은 고객이 구매하는 상품이나 서비스를 말하며, 가격(Price)은 상품과 서비스의 질에 따라 정해지는 요소이다. 판매 유통 채널(Place)은 제품이나 서비스가 판매되는 경로를 의미하며, 광고 홍보(Promotion)는 제품을 홍보하고 판매를 유도하는 활동을 의미한다.

각각의 4P는 상호 작용을 하며, 상호 간의 균형을 유지하며 밀접한 관계를 갖고 있다. 예를 들면, 제품의 질이 좋지 않다면 가격이 낮아도 구매를 하지 않을 것이며, 제품의 질이 높아도 가격이 너무 높다면 판매가 용이하지 않을 것이다. 그리고 제품과 가격이 적당하지만 주문을 해놓고 그 제품을 언제 받을지 모를 정도로 유통이 좋지 않다면 소비자들은 구매를 하지 않을 것이다. 그리고 이러한 제품과 가격, 그리고 배송이 적절하다고 해도 전혀 알려지지 않다면 소비자들은 찾지 못할 수도 있는 것이다.

그렇기에 4P에 대한 마케팅 전략은 기본 전략으로서, 영업을 하는 사람이라면 숙지를 해야 할 것이다. 그리고 조직의 책임자들은 유능한 인력과 최상의 조직을 구성한다면, 어느 시장에서도 판매 목표를 달성할 수 있을 것으로 본다.

선의의 경쟁을 하는 한국 업체

대한민국은 부존자원(賦存資源)이 부족한 나라이다. 기름 한 방울도 나오지 않는 나라에서 6.25라는 동족상잔의 비극적인 전쟁을 딛고, 불과 몇십 년 만에 세계 10대 경제 강국 반열에 올라선 것은 열정적인 교육열에 기반한 인재들과 성실한 국민 덕분이 아닌가 생각한다. 여기에 각 기업들의 선의의 경쟁에 따른 기술 발전, 그리고 대기업들의 해외 진출 성공으로 여기까지 왔다.

삼성전자 vs. LG 전자, 지금은 한 회사가 되었지만, 현대자동차 vs. 기아 자동차, 삼성전자 반도체 vs. SK 하이닉스, 한국타이어 vs. 금호타이어, 현대중공업 vs. 대우조선 등 예전에는 중소/중견기업들이었지만, 서로 간의 경쟁을 통해 기술 발전과 해외 진출로 지금은 국내 대기업 반열을 뛰어넘어 글로벌 기업으로 성장을 하였다. 이들 기업의 공통점은 내수 기업이 아니라 해외 진출을 통한 영업 확대를 통해 오늘날과 같은 기업으로 발돋움했다는 것이다.

선의의 경쟁으로 인한 긍정적인 효과는 많다. 경쟁사를 분석하고 그 경쟁사를 뛰어넘기 위해 부단한 노력을 기울이는 과정에서 각 기업들은 성장한다. 중소기업들, 그리고 취업을 못 한 젊은이들은 지금부터라도 여러 다각적인 분석을 통해 해외 진출의 준비를 차곡차곡하며, 각자가 세운 목표를 하나하나 이루어야 할 때이다.

5장

오픈 마인드는 여기까지 : 현지 사람, 문화에 자연스럽게 동화되는 노하우

현지인과 상생하는 비즈니스는 첫 만남에서부터 결정하라

각 나라의 인사법을 익혀라

나는 해외 주재원으로 나간 나라뿐만 아니라 본사에서 근무할 때에도 아프리카나 중동, 아시아 지역팀에서 근무를 했었기에, 전 세계 대륙의 나라들의 거래선들을 만날 기회가 많았다. 근무 초기에는 한국식으로 평범하게 거래처 사람들을 대하다가 시간이 조금 지나고부터는 그 나라의 인사법을 배워 첫인상을 좋게 하는 것이 좋겠다는 생각을 하게 되었다. 마침 나의 모교는 전 세계 대부분의 전공 학과가 있는 학교라 선후배와 동기들을 통해 그 나라에 대한 최소한의 인사 문화를 익혔다.

북미의 경우는 웃는 얼굴이 매우 중요하다. 웃으면서 반갑게 목례를 하거나 반가운 몸짓을 하는 걸 좋아한다. 악수도 힘껏 하는 걸 좋아하고, 여성의 경우에는 먼저 손을 내미는 건 다소 결례에 속하는 점을 알아야 한다.

미국과 국경을 접하고 있는 멕시코는 서로의 뺨을 비빈다. 처음에는 이런 행동이 익숙지 않았지만, 한두 번 해보니 곧 익숙해져서, 멕시코인들을 만나면 현지 멕시코인들의 인사처럼 뺨을 비비곤 한다. 같은 중남미지만 아르헨티나의 경우는 친한 친구 외에는 가볍게 악수만 하는 것이 일반적이나, 가볍게 포옹하고 볼을 맞대는 건 멕시코와 비슷하다. 풀코스 인사법은 포옹 후 악수를 하거나 어깨를 두드리며 이야기 나누다가 마지막으로 다시 악수를 한다.

독일의 경우도 북미와 비슷하게 힘 있는 악수를 하는 것이 일반적이며, 복수의 사람과 함께 있으면 필히 모두와 악수를 해야 한다. 특정 사람을 빠뜨린다면 상당히 무례한 행동이므로 이 점을 잊으면 안 된다. 그리고 누군가를 소개할 때는 하급자부터 시작하여 맨 마지막에 상급자를 소개해야 한다. 이건 한국과 매우 다르다. 한국은 상급자를 먼저 소개하는 것이 일반적인데, 독일은 그렇지 않으니 주의를 요한다. 프랑스는 독일과 달리 악수를 힘있게 하지 않고 가볍게 하는 것이 일반적이고, 볼에다 키스를 할 때는 '쪽' 하는 소리를 내며 한다. 호주는 그 뿌리가 영국이지만 영국과 달리 격식으로부터 매우 자유분방하다. 허물이 없어서 명함도 갖고 다니지 않는 경우도 많다.

이렇듯 사소한 듯하지만 나라마다 인사법에는 미묘한 차이가 있으므로 각 나라의 인사법은 숙지할 것을 권한다. 예절을 잘 갖춘 외국인이라면 첫인상도 좋을 것이 당연하기 때문이다.

프라이버시는 묻지 말고, 금기의 영역을 지켜라

한국인들은 상대방에 대해 무척 호기심이 많다. 어느 지역에 사는지, 어느 아파트에 사는지, 무슨 차를 타고 다니는지 남에 대해 궁금한 것들이 참 많다. 한국에서는 친구들끼리도 사적인 질문을 직설적으로 물어오는 경우가 있는데, 이는 외국 특히 선진국에서는 절대로 해서는 안 되는 행동이다. 그들은 개인적인 이야기를 묻는 것을 결례라고 생각하기 때문이다.

호주나 미국에 살 때 한국인들은 서로 만나면 영주권 보유 여부를 정말 많이 묻곤 한다. 매우 사적인 이야기이고, 서로 묻기도 답하기도 불편한 질문이라 한국인들끼리도 이런 종류의 질문을 받으면 난감할 때가 많은데, 현지인들은 더하다고 생각하면 된다. 현지인들에게 개인적인 문의는 본인들이 이야기하기 전에는 금기라고 생각하면 된다.

내가 주재하던 2000~2006년 사이 호주에서는 '프라이버시법'을 제정하여, 프라이버시에 대해서 정말 엄격하게 보호하고 있다. 이혼 여부, 성 소수자 여부, 사는 집 등의 사적인 정보는 본인들이 먼저 말하기 전에는 물어보는 자체가 매우 무례한 행동이다. 한 번은 내가 거래선에게 한국 제품의 우수성을 언급하면서 중국에 대한 비하를 한 적이 있었다. 중국이라는 나라는 한국 제품을 복제하기만 하고 자체 연구는 하지 않는 나라라며 중국에 대해 안 좋은 면을 막 부각했다. 내 딴에는 한국 제품의 우수성을 설명하려고 한 이야기였는데, 내 말을 들은 거래선은 끝에 "내 며느리가 중국인인데"라고 했다. 당시 얼마나 당황했는지 쥐구멍에 들어가고 싶은 심정이었다. 나의 과도한 열정이 괜히 거래선으로 하여금 자신의 프라이버시를 말하게 만들고, 그에 더해 그 거래선의 며느리 나라를 나쁘게 말하는 결과를 초래하고 말았으니 말이다. 그 후로는 거래선의 성향과 주변 인물에 대해서도 파악하고 이야기를 이어 나가야겠다고 생각했다.

프라이버시에는 절대로 입에 올리면 안 될 금기의 영역도 있음을 알게 되었다. 일례로 독일에서 나치나 히틀러 이야기가 금기인 것처럼 말이다. 나 역시 독일에서 7년 반을 살았는데, 단 한 명도 나치와 히틀러에 대해 이야기하는 독일 친구들을 본 적이 없었다. 또한 스포츠 경기 때 이외에는 독일 국가를 부르는 걸 본 적도 없었다.

독일법인장으로 부임한 후 독일 전역의 세일즈맨을 불러들여 영업 미팅을 한 적이 있다. 미팅을 다 끝내고 나는 다른 나라보다 독일법인이 꼭 목표 달성을 초과하여 1등을 하자는 의미에서 독일 국가를 부르자고 했다. 그런데 모두들 안 된다고 고개를 절레절레 흔드는 것이었다. 알고 보니, 독일에서는 스포츠 경기 이외에는 독일 국가를 부르지 않고, 또 나치와 히틀러에 대한 언급이나 관련된 이야기는 하지 않도록 교육을 받았음을 알게 되었다. 나름 독일 공부를 한다고 했지만, 내가 놓쳤던 부분들도 많았던 것이다. 독일 거래선 중에서 정말 절친 둘이 있는데, 그 친구들에게 몇 년이 흘러 나치와 히틀러에 대한 이야기를 물어보니, 독일은 진심으로 그 당시 일들에 대해 사죄의 마음을 갖고 있기에 언급조차 하는 걸 죄악시하고 있다고 했다. 확실히 이 부분은 일본과 많이 다른 점인 듯하다.

가볍게 터치하라

그러면 '직설적으로 묻지도 않고, 어떻게 거래선들의 성향을 파악할 수 있을까?'라는 의문을 갖을 수 있다.

나의 경우에는 내가 알고 싶은 사항이 있으면 내 정보를 먼저 이야기하며, 스스로 상대방이 이야기하게끔 유도한다. 난 주말마다 하는 일이 골프 치고 성당 가는 일인데, 주로 당신은 주말에 뭘 하면서 보내냐고 물어보면 십중팔구, 본인에 대한 이야기를 풀어놓는다. 그리고 한국의 정치에 대한 언급도 하면서 "우리는 보수와 진보 진영이 힘의 균형이 매우 비슷한데 너희 나라는 어떠냐?"라고 물어보면, 본인의 정치관부터 지금 집권당은 뭐가 잘못되었고, 또 이런 사람이 총리나 국회의원이 되어야 한다는 등의 정치색도 드러내곤 한다. 아무래도 이방인들에게는 이러한 정치관을 이야기하는 것이 더 부담이 없어서 그럴 수도 있을 듯하다.

그러면 나는 각 거래선 개개인의 나이, 취미, 정치관, 가족관계, 어느 학교를 졸업했는지, 성격 등등을 파악하여 내 나름대로 요약 정리해둔다. 이렇게 메모해두면 와인을 좋아하지도 않는 거래선에게 와인 선물을 하는 일 따위는 막을 수 있게 된다. 누구에게든 당사자가 좋아하고 관심 있는 걸 선물하게 되어 좋다. 이런 식으로 한 사람 한 사람을 파악하고 나면, 아주 힘든 거래 협상을 할 때도 나름 득이 될 때가 많다. 처음부터 단도직입적으로 "당신이 지지하는 정당은 어느 정당인가?"라고 묻는 것보다 한국의 예, 인근 나라의 예를 가볍게 터치하면서 이야기를 풀어나가면, 대부분 사람들이 이야기보따리를 푼다.

독일에서 근무할 때 악명(?) 높은 거래선이 있었는데, 처음 만났을 때는 비즈니스 이야기는 단 한마디도 하지 않고 신변잡기 이야기만 하다가 커피만 마시고 온 적도 있었다. 하지만 얼마 지나지 않아서, 나와 자기의 속마음도 이야기하는 사이가 되었고, 비즈니스를 떠나 지금도 안부를 묻는 사이가 되었다. 내 경우에는 첫 번째 만남은 가볍게 터치하면서 상대방이 어떤 사람인지 파악하는 일이 더 중요했다. 첫 번째 만남에서부터 딱딱한 비즈니스 이야기만 하면, 상대방도 나에 대해 비즈니스 상대로만 생각하게 된다. 비즈니스는 사람이 하는 것이다. 따라서 사람이 하면 안 되는 것이 없다는 마음가짐으로 거래선 파악을 하는 것을 추천한다.

식사 예절을 익혀라

현지에서 첫 번째 미팅을 한 후 점심이든 저녁을 함께하는 경우가 많다. 물론 미팅만 하는 경우도 있다. 식사를 한다고 약속이 정해져 있다면, 현지 식사 예절을 미리 익혀두고 약속 장소에 가는 걸 추천한다. 또 거래선을 한식당으로 초대한다면 우리나라 음식에 대한 지식, 예컨대 젓가락 사용법이나 한식 메뉴에 대한 공부를 한 후 거래선들에게 설명을 해준다면 식사 시간 내내 이야기를 재미있게 이어갈 수 있을 듯하다.

양식 예절을 처음에는 몰라서 왼쪽에 있는 물이 내가 마셔야 할 물인지 오른쪽에 있는 물이 내가 마셔야 할 물인지도 헷갈렸고, 포크, 나이프 순서도 헷갈렸었다. 아주 기본적인 것이지만 미리미리 공부하고 간다면 실수를 줄일 수 있고, 상대 거래선이 나를 보는 눈도 달라짐을 알 수 있다. 또, 음식에 대해서도 미리 공부를 하면서 거래선과 이야기하면, 거래선은 신이 나서 자기네 나라 음식에 대해 설명을 한다.

독일의 경우는 학센와 소시지, 슈니첼(독일식 돈까스)이 전통 음식이고, 스페인은 하몽, 파에야, 멕시코는 타코 같은 전통 음식을 많이 먹을 기회가 많은데, 이런 음식을 먹으면서 현지 음식에 대해 설명을 들으면, 나도 모르게 인문학적 소양이 올라가는 듯하다. 그리고 각 나라마다 전통 술도 있는데, 그 술을 먹는 예법도 알아두면 많은 도움이 된다. 그래서 나는 독일 근무 시, 독일 법인장/지사장들의 와인 동호회 모임에 가입하여 와인 공부를 한 것이 유럽 거래선들 미팅 때 상당히 도움이 되었음을 부인할 수 없다. 요즈음 인터넷만 치면, 각 나라의 식사 예절에 대해 잘 나와 있으니, 필히 사전 공부를 하기를 바란다.

기본이 되는 현지 언어는 반드시 외우고 익히고, 영어 공부는 열심히 하라

현지 인사말은 배워두자

외국 사람들이 우리에게 한국말로 "안녕하세요", "감사합니다", "미안합니다"라고 한다면 어떤 기분이 들까? 일단 그 사람의 외모, 인상, 됨됨이 이런 것들을 떠나서 무조건 '외국 사람이 한국말을 하네' 하면서 감탄사를 연발할 것이다.

반대로 우리가 현지 사람들에게 첫 번째 만남에서 현지 언어로 인사를 한다면, 똑같은 감정을 느끼지 않을까? 현지 인사말 한마디에 상대방은 기분이 좋을 것이고, 이후 미팅은 부드럽게 이어져 나갈 거라 확신한다. 영어, 스페인어, 프랑스어, 독일어, 이탈리아어, 중국어, 일본어의 아침, 점심, 저녁 인사 정도를 상대 거래선에 따라 암기해두면 상대국 사람들은 그렇게 좋아할 수가 없다. 그리고 감사의 말, 죄송하다는 말 정도까지도 함께 알아두면 좋을 것 같다.

추가로 중동 국가의 거래선을 만나면, "인샬라(신의 뜻대로)" 이 한 단어만 적절하게 쓰면 만사형통이다. 중동 국가에서 주재한 경험은 없지만, 한국에서 근무할 때는 한국에 방문하는 중동 거래선들을 데리고 공장 견학을 갈 기회가 있었다. 물론 그들은 영어를 대부분 잘했기에 영어로 소통했지만, 적절한 타이밍에 인샬라라는 말을 하면 매우 좋아했다. 우리나라 속담에 "말 한마디에 천 냥 빚을 갚는다"는 말이 있듯이, 말 한마디만 잘 배워서 적절하게 사용한다면 비즈니스 협상에 매우 큰 도움을 받을 수 있다.

그리고 요즈음에는 구글 번역기가 워낙 잘 되어 있어, 마음만 먹으면 번역도 할 수 있다. 구글 번역기로 인사말뿐만 아니라 좋은 글귀나 문구도 현지 언어로 공유한다면, 상대방으로부터의 신뢰도 쌓을 수 있을 것이라 확신한다.

프랑스에서는 불어를 하면 대우 받는다

내 학부 전공은 프랑스어이고 부전공은 경제학이다. 학교 다닐 때 워낙 프랑스어를 잘하는 여학우들이 많아서 솔직히 공부를 등한시했다. 어찌어찌하여 졸업은 했지만, 솔직히 전공자라고 내세우기에는 정말 많이 부족하다. 그런데 내가 회사에 입사해서 배치받은 부서가 유럽/아프리카 팀에서 프랑스어를 사용하는 아프리카 대륙 관할 담당이었다. 그쪽 나라들은 L/C(Letter of Credit, 일명 신용장)도 프랑스어로 열 만큼 프랑어를 사용하는 나라들은 프랑스어에 대한 자부심이 실로 대단하다. 그래서 난 오히려 학교에 다닐 때보다 회사 입사해서 프랑스어를 더 열심히 공부했다.

그런데 어느 날 갑자기 아프리카 팀에서 대양주 팀으로 발령이 났다. 대양주 팀 담당 직원이 대학원 간다고 퇴사하는 바람에, 당시 팀장님이 영어도 하고 불어도 할 수 있는 나를 그쪽 팀으로 데리고 간 것이었다. 대양주 지역에 무슨 프랑스어를 하는 국가가 있냐고 물을지 모르겠지만, 뉴칼레도니아와 타히티는 프랑스 식민지였고, 지금도 프랑스령으로 남아 있는 터라 모두 프랑스어를 쓴다. 이 두 나라 중 뉴칼레도니아의 거래선은 영어를 한마디도 할 줄 모르는 사람이라 프랑스어를 하는 사람하고만 대화가 가능했다. 전임자는 프랑스어를 전혀 못했던 반면, 그래도 나는 프랑스어로 대화할 정도는 되니 오더를 팍팍 주었다. 시장 규모는 작았지만 전년 대비 2배 이상 성장을 시키니, 당시 팀장님도 너무 좋아하셨던 기억이 난다.

타이티 거래선의 경우는 영어를 잘했지만, 내가 담당하고 난 이후 프랑스어로 소통을 하자 매우 좋아했다. 프랑스로 출장을 가보면, 정말 프랑스는 자기 나라 언어에 대한 자부심이 하늘을 찌른다(과거보다는 많이 약화되었다고 하지만, 그래도 프랑스는 프랑스 언어에 대한 자부심이 대단하다). 그렇기에 프랑스에서 영업을 한다면 프랑스어를 할 수 있는 사람이 나가서 하는 것이 훨씬 유리하다. 스위스로 출장 가면 북부 취리히 쪽은 독일어, 제네바 등 프랑스 인근 지역은 프랑스어, 이탈리아 인근 지역은 이탈리아어를 사용하는 등 지역마다 쓰는 언어가 다르다. 그중 취리히 쪽 지역은 영어로 소통하는 데 전혀 문제가 없었는데, 제네바 지역은 취리히 쪽보다는 프랑스어 사용이 훨씬 유용했다.

프랑스에 대한 비즈니스가 타 국가들에 비해 크지 않아 프랑스어에 대한 인기가 과거보다 높지 않다고 하더라도, 프랑스에서 프랑스어로 비즈니스를 할 수 있다면 엄청난 장점이 될 수 있다. 프랑스어는 프랑스와 스위스, 그리고 캐나다 퀘벡 지역뿐만 아니라 남아 있는 미지의 대륙 아프리카에서도 가장 많이 사용되고 있는 언어이기에, 프랑스어도 잘한다면 글로벌 비즈니스에 많은 도움을 받을 수 있으리라 생각한다.

멕시코에서 스페인어를 배우다

미국 뉴욕에서 주재하다가 멕시코로 갑자기 발령을 받았을 때 걱정은 스페인어를 하나도 할 줄 모른다는 것이었다. 그러나 인사권자는 프랑스어를 전공했으니 스페인어는 쉽게 할 수 있을 것이라며 나를 안심시켰다. 그리고 멕시코로 가서 출장을 다니는데, 많은 거래선들 중 영어를 할 수 있는 거래선이 몇 되질 않았다. 난감한 상황이었다.

물론 멕시코 지사에는 현지인들이 모두 영어가 유창했기에 내부적인 회의나 또 거래선들과의 미팅에 현지인을 데리고 가면 되었지만, 나로서는 통역을 두고 이야기를 한다는 것이 너무 불편했다. 더군다나 큰 거래선 오너와의 미팅에서는 현지인에게는 알리고 싶지 않은 사안들도 있었기에 간단한 대화는 해야 했다. 그리고 새벽에 집에서 출장을 가기 위해 택시를 탈 때, 최소한 택시 운전 기사에게 목적지를 스페인어로 알려주고 왼쪽, 오른쪽으로 가라 정도는 할 수 있어야 멕시코에서 생활을 할 수 있을 듯하여, 부임한 지 얼마 되지 않아 스페인어 선생님을 모시고 일대일 과외 교습을 받았다. 시내에 학원도 있었지만 학원 다닐 시간은 없었다. 그리고 일이 워낙 바빠서 업무 시간이 오전 8시 30분부터 시작되면 1시간 먼저 출근하여 오전 7시 30분부터 스페인어 수업을 듣고, 업무를 시작했다.

배우고 보니, 스페인어는 프랑스어와 비슷한 부분이 많다는 걸 알았다. 일단 같은 라틴어 계열이라 문법의 구조가 비슷했고, 남성, 여성 단어가 있는 것도 비슷했다. 워낙 바빴지만 그래도 기본적인 대화는 할 수 있어야겠기에 피곤해도 스페인어 수업을 꾸준히 들었다. 스페인어를 전혀 모르던 내가, 수업에서 배운 걸 하나씩 써먹으니 거래선도 신기했는지 더욱더 다정다감하게 나를 대해줬던 것 같다. 그러나 솔직히 아주 디테일한 이야기까지 할 정도 수준까지는 가질 못한 채 본사로 들어와서 아쉬운 면이 많다. 지금도 다시금 스페인어를 더 배우고 싶은 욕망이 있다.

스페인어는 유럽에서는 스페인만 사용하지만, 거대한 시장인 중남미 국가는 대부분 스페인어권이라 그 쓰임새도 크다(브라질은 포르투갈어를 사용하지만, 스페인어와 포르투갈어는 60% 정도가 비슷하며, 서로가 알아들을 수 있다고 한다). 언어를 사용하는 인구 수로는 중국어 다음으로 스페인어를 사용하는 인구가 많다. 미국 LA와 뉴욕 근무 시에는 스페인어를 몰랐기에 공항 등에서 히스패닉 사람들이 무슨 이야기를 하는지 전혀 몰랐는데, 멕시코 근무 때 보고하러 LA에 있는 미주 본부로 출장을 가끔 가면 미국의 히스패닉 사람들이 하는 이야기들이 대충 귀에 쏙 들어왔다.

미국도 영어가 공용어지만 중남미 이민자들이 워낙 많기에 스페인어만 해도 미국 생활하는 데 지장이 없다고 할 정도이니, 스페인어도 배워두면 글로벌 활동에 많은 도움을 받을 수 있을 것이다.

영어는 만국 언어다

2015년 7월, 급작스럽게 영업 총괄 부사장님(후에 사장님까지

되심)이 부르더니, 독일 법인장으로 부임하라고 하셨다. 당시 독일 법인장, 영국 법인장, 프랑스 법인장의 임기가 만료되어, 나는 연말에 영국 법인장이나 프랑스 법인장으로 나가길 은근 기대하고 있던 참이었다. 그런데 갑자기 독일어 한마디도 못 하는 상황에서 독일 법인장으로 가라고 하셨다. 당시 부사장님께 건넨 첫마디가 "부사장님, 저 독일어 한마디도 못 하는데요"였다. 하시는 말씀이, 독일 거래선들이 자네보다 영어를 더 잘하니 어설프게 독일어 하지 말고 영어 공부 더 철저히 해서 그들보다 더 세련된 영어로 협상을 하라는 말씀이셨다. 물론 배낭여행으로, 그리고 출장으로 독일은 많이 다녔지만, 1992년 배낭여행 때는 독일도 영어가 잘 통용되지 않았다. 하지만 이후 영어 조기 교육으로 전환하여 웬만한 젊은층들은 영어를 다 잘했다.

어찌 되었건 인사권자의 지침에 따라 나는 그해 8월에 독일 법인장으로 부임하게 되었다. 부임 후 거래선들에게 부임 인사를 다녔는데, 두 개의 거래선만 영어를 할 수 없었고 대부분의 거래선들은 정말 유창한 영어로 대화를 하는 것이었다. 영어가 안 되는 두 거래선들은 세일즈 디렉터가 통역을 하면서 대화를 나누었다. 물론 당시 부사장님의 말씀이 독일어 공부할 시간에 영어 공부 더하라고 하여 독일어 공부를 하지 않은 것이 솔직히 후회는 된다. 그러나 유럽 내 가장 큰 법인을 총괄하는 입장이었고 워낙 영업 실적에 대한 압박이 심해서 독일어 공부를 할 여유가 없기는 했다.

독일은 세계 2차 대전에서 미국에 패한 나라라서 그런지 미국에 대한, 또 영어를 잘하면 약간 좀 대단(?)하게 보는 경향이 있는 것 같았다. 독일은 요즘 웬만한 50대 초반까지는 영어를 다 잘 구사한다. 유럽에서 경제적으로 가장 파워풀한 나라 독일에서는 영어만 유창하게 잘하면 비즈니스하는 데 큰 어려움은 없다. 영어는 글로벌 비즈니스를 하는 분들에게는 선택이 아닌 필수적인 요소가 아닌가 싶다.

현지에서 가장 인기 있는 스포츠, 음악, 미술에 관심을 가져라

호주에서 크리켓, 럭비를 배우다

나는 어려서부터 스포츠를 좋아했다. 직접 하는 것도, 경기 관람하는 것도 무척 좋아했다. 공으로 갖고 노는 거의 대부분의 운동을 좋아했다. 축구, 농구, 야구, 배구, 탁구 등……. 그리고 호주로 부임했다.

호주는 참 신기한 나라였다. 내가 좋아하는 축구, 농구, 야구, 배구, 탁구는 호주 국민들이 그다지 좋아하지 않는 운동이었다. 그런데 부임하고 나서 TV나 호주 거래선을 통해 전해 들은 바로는 크리켓과 럭비에 열광하는 것이었다. 럭비는 한국에서도 어느 정도 알려진 운동이라 알고는 있었지만, 경기 방식도 모르고 단 한 번도 직접 해본 적 없는 운동이었고, 크리켓은 본 적도 없는 운동이었다. 하지만 스포츠 마케팅을 위해 이 두 운동에 대해 공부를 해야 했다.

호주 스포츠TV를 보면, 이 두 운동과 골프 정도만 방영하는 듯했다. 호주는 영연방 국가의 한 국가이며 영국 죄인들이 만든 나라라고 알려져 있어서 영국에서 건너온 스포츠가 인기가 많은 건 이해가 되지만, 축구는 내가 주재할 때는 그렇게 인기가 있지 않았다. 하지만 최근 들어서 월드컵 본선에도 진출해서 인기가 점점 높아가는 듯하다.

아무튼, 거래선들이 크리켓 경기장이나 럭비 경기장에 광고판 설치를 해달라는 요청이 들어와서, 이 두 경기장도 직접 찾아가서 경기를 관람하여 어느 정도 인기가 있는지 실감하게 되었다. 한국 사람들이 프로야구 이야기하듯이, 호주 사람들은 크리켓과 럭비 경기에 대해 이야기를 한다. 이런 토론에서 제대로 끼려면 운동 경기뿐만 아니라 주요 팀의 순위 그리고, 유명 선수 이름까지도 알고 있어야 한다. 호주에 부임해서 골프를 배우기 시작했는데, 호주와 뉴질랜드는 골프 비용이 아마 세계에서 가장 저렴한 나라일 것이다(물론 아주 비싼 골프장도 있지만, 대중을 위한 퍼블릭 골프장 18홀 이용료는 한국 돈으로 3만~5만 원 정도 하는 곳이 많다). 호주가 낳은 세계적인 남녀 골퍼로는 백상어 그렉 노먼과 캐리

웹이라는 여성 골퍼 덕분인지, 골프를 치는 거래선들이 많아 함께 골프를 하며 우정을 쌓았다.

멕시코에서 월드컵 경기는 근무 시간에도 시청한다

멕시코 하면 떠 오르는 게 뭘까? 여러 가지가 있겠지만, 나의 경우는 박종환 감독이 이끈 1983년 멕시코 세계 청소년 축구 4강이 떠오른다. 다 알다시피, 멕시코는 수백 년 동안 스페인의 통치를 받았던 나라이다. 그래서 그런지 미국과 국경을 맞닿고 있지만, 미국은 축구 열기가 심하지 않은 반면 멕시코의 축구 열기는 어마어마하다.

멕시코는 월드컵, 중남미컵 등 국가 대항 축구 경기가 있는 날에는 근무 시간에도 함성이 떠나갈 듯하다. 나는 처음에 인근 식당이나 맥줏집 등에서 나는 소리인 줄 알았다. 그런데 근무하는 사무실에 TV를 켜고 온 직원들이 축구 경기를 시청하는 것이었다. 한국의 사무실에서 평일 낮에 한국과 어느 나라가 월드컵 중계 경기를 한다고 해도, 온 직원들을 회의실에 모아두고 축구 경기를 관람하는 걸 본 적도, 들어본 적도 없는데, 멕시코는 대부분 사무실에서 그렇게 한다는 것이다.

나로서는 좀 이해가 안 되었지만, 현지 회사 직원들 역시 경기 시청을 건의해 와 월드컵 경기 기간 중에는 멕시코와 한국 경기만큼은 보는 것으로 승인하였다. 직원들이 멕시코 축구 경기도중에 업무를 제대로 하지 않는 것보다 평안히 축구 경기를 보고 일을 하는 게 생산성이 더 좋을 것 같다는 판단에서였다. 이처럼 멕시코에서의 축구 열기는 남자들뿐만 아니라 그야말로 남녀노소 할 것 없이 엄청났다. 이러한 축구 열기를 거래선하고 이야기하면 술술 막힘 없이 대화거리가 생겨난다. 그리고, 비즈니스 협상은 보다 쉽게 할 수 있었다.

풋볼, 야구, 농구의 나라 미국, 아이스하키의 나라 캐나다

미국은 스포츠의 나라다. 이민자들의 나라여서 세계 각국의 인기 있는 스포츠들은 미국에서 다 볼 수 있다. 그러나 그중에서도 미국 하면 '슈퍼볼'이라고 불리는 미식축구(풋볼)의 인기가 으뜸이다. 매년 슈퍼볼 결승전의 수 초짜리 TV 광고비는 천문학적인 금액이라는 건 아는 사람은 다 안다. 미식축구는 매우 터프한 운동이라 내게는 직접 하고 싶은 스포츠는 아니지만, 경기 관람을 하면 정말 흥미진진하다. 슈퍼볼 결승전 경기가 열리면 친한 거래선끼리 큰돈은 아니지만, 내기도 한 적도 있었다. 내가 몸담았던 회사 규모로는 슈퍼볼에 광고를 할 정도는 아니었지만, 현대차는 매년 TV 광고를 해서 자사의 브랜드 이미지를 매우 높였다.

아울러 대중적으로 인기 있는 스포츠는 프로야구인데, 미국 프로야구 중계를 자주 본 독자들은 홈플레이트에 한국타이어 광고를 많이 봤을 것이다. 한국타이어는 대중적인 스포츠인 프로야구를 통해 브랜드를 미국 전역에 알린 것이다. 한국타이어의 경쟁업체였던 금호타이어는 이미 미국 프로야구 광고를 한국타이어가 선점해버려서, 그다음으로 인기가 있었던 프로 농구팀에 스폰서를 함으로써 브랜드를 알리고자 했었다. LA 레이커스와 마이애미 히트 등 나름 상위권 팀을 스폰해서 브랜드 노출을 많이 꾀했었다.

한편 캐나다는 추운 겨울이 많은 나라이다. 그렇기에 겨울 스포츠가 인기가 많은데, 단체 운동인 아이스하키의 인기가 대단하다. 이런 스포츠를 잘 살린 회사가 한국타이어이다. 캐나다 아이스하키 경기장에도 한국타이어의 광고를 많이 볼 수 있다. 이러한 인기 있는 스포츠를 통해 회사의 브랜드 이미지도 올리고, 거래선들과 대화에도 활용하면 좋지 않을까?

축구와 클래식의 나라 독일, 예술의 나라 프랑스

독일로 부임하니 누구보다 좋아하는 사람은 집사람이었다. 독일어도 못하는 아내가 왜 그렇게 좋은가 했더니, 마음껏 좋아하는 클래식 음악회를 갈 수 있고 또 좋아하는 미술관, 박물관이 있는 인근 나라인 프랑스, 네덜란드, 영국에서 마음껏 관람을 할 수 있어서라고 했다. 사실 난 분데스리가의 나라 독일에서 축구 경기를 직접 경기장에서 마음껏 볼 수 있음에 들떠 있었다.

독일로 부임하는 프랑크푸르트행 비행기 안에서 당시 한국 축구 대표님 감독이었던 독일의 유명 축구 스타 출신 슈틸리케 감독을 우연히 만났다. 우연한 행운에 사진을 찍자고 부탁하니 흔쾌히 사진을 찍어주었다. 이 사진을 독일 거래선들 만날 때마다 보여주곤 했는데, 어떻게 이 독일 유명 국 선수 출신 감독을 아냐고 나에게 물어보았다. 같은 비행기 옆자리에 만났다고 하고, 한국이 낳은 독일 분데스리가의 붐붐차 차범근 선수 이야기를 하니, 축구 이야기로 시간 가는 줄 몰랐다.

실제로 독일의 50대 이후 사람들에게 붐붐차를 아냐고 물어보면 거의 다 안다고 이야기한다. 차범근 선수가 독일에 다져놓은 인기로 내가 쉽게 독일 거래선들과 대화를 하는 게 신기했다. 당시 내가 몸담고 있던 회사에서는 손흥민이 뛰던 함부르크, 전통 구단인 샬케 04 팀을 스폰했었는데, 그로 인해 거래선들을 VIP석으로 초대하여 함께 경기를 관람하며 비즈니스 상담도 했었다.

또 거래선 중에 클래식 음악을 좋아하는 경우에는 프랑크푸르트 오페라 하우스에 초대하여 함께 공연을 보며 친분을 다졌다. 클래식에 무지했던 나는 클래식 공연을 보기 전에는 최소 작곡가에 대해서 미리 공부를 했었는데, 이러한 사전 공부가 개인적으로는 나의 인문학적 소양을 높이는 계기가 된 것 같다.

프랑스 역시 축구 열기도 뜨겁고 클래식 음악도 유명하지만,

뭐니 뭐니 해도 아트(Arts)가 유럽의 어느 나라보다 유명하다. 파리의 몽마르트르 언덕 위에는 지금도 피카소를 꿈꾸는 무명의 예술가들이 많이 있다. 루브르 박물관에 있는 모나리자, 그리고 오르세 미술관에 있는 수많은 유명한 미술품들. 이러한 박물관과 미술관을 방문하며 공부했던 일들도 미술품에 관심 있는 프랑스 거래선을 만나서 한두 마디 건네면, 프랑스의 미술사에 대해 나에게 알려준다. 이렇듯 여러 나라를 거치면서 비즈니스를 하기 위해서는 단순히 비즈니스만 그 자체만을 이야기하면 소정의 목표를 달성할 수 없다. 인기 있는 스포츠나 음악, 미술에 대해 공부하면 비즈니스 측면에서 많은 도움을 받을 수 있다.

독일인, 한번 트기가 어렵지 친해지면 속마음을 내준다

무뚝뚝한 독일인

사람마다 다르지만, 대체로 각 나라마다 국민성이라는 게 있는데, 독일인 중에는 무뚝뚝한 사람들이 많다. 무뚝뚝할 뿐만 아니라 신고 정신도 투철한 사람들이다. 예를 들면, 쓰레기 분리수거를 제대로 하지 않거나, 베란다에 빨래를 널거나, 그리고 월~목요일 늦은 저녁 시간에 시끄럽게 하면 즉시 연락이 온다. 이러한 국민성은 여러 큰 전쟁을 겪으면서 생겨난 것이라고 하는데, 사실인지는 잘 모르겠다. 아무튼, 교통 법규도 철저하게 지키고 많은 긍정적인 면이 있으나, 정이 많고 좋은 게 좋다는 한국인들의 입장에서 보면 많이 답답하게 느껴질 수 있다.

그런가 하면 독일인들은 농담도 잘 하지 않는다. 미국이나 호주에서 겪었던 사람들은 유머가 많고 유연했는데, 독일에서는 그런 이들을 만나기도 드물었다. 거의 자기 할 만 딱 하고 퇴근하는 직원들을 보면 참 정이 없다고 느꼈던 적이 한두 번이 아니었다. 그러나 나도 7년이 넘은 오랜 시간을 독일에서 살다 보니, 나도 모르게 이러한 독일인의 성격을 닮아버린 듯하다. 그래서인지 한국에 온 지 5개월이 지난 지금도 한국 시스템에 적응하지 못하는 것 같고, 타인들도 나에 대해서 아직 외국물을 다 빼지 못했다는 말을 하기도 한다. 무뚝뚝하지만, 법과 규칙을 철저히 준수하는 독일인들은 오히려 나에겐 선진 국민 같은 생각이 든다.

부부 동반으로 초대하는 거래선

이런 무뚝뚝한 독일인이지만 친분이 조금씩 조금씩 쌓이게 되니까, 식사를 함께하는 일이 많아졌다. 골프도 좋아하니 함께 라운딩하는 기회가 많아졌다. 어느 날, 거래선의 한 사람이 같이 부부 동반으로 크리스마스 파티를 하자고 제안해왔다. 원래 수줍음을 많이 타는 집사람은 나로 인해 부부 모임이 있다고 하면 군말 없이 따라다니긴 했으나 늘 부담스럽다는 이야기를 하곤 했다. 그러던 중 독일 거래선이 부부 동반으로 크리스마스 파티 모임에 초대했다고 하니 아내는 독일의 크리스마스 파티 문화를 경험해 볼 수 있는 기회라며 흔쾌히 초대에 응낙했다.

프랑크푸르트 어느 호텔에 우리 부부를 초대한 독일 거래선은 우리를 위한 크리스마스 선물까지 준비해왔다. 그런데 우리 부부는 그런 준비도 하지 않고 그냥 몸만 갔으니, 너무너무 낯이 뜨거울 정도로 부끄러웠다. 물론 다음부터는 같은 실수를 하지 않고 우리 또한 조그마한 선물을 준비해 갔지만, 조그만 것 하나 하나에 신경을 쓰는 그들의 모습을 보고 배울 점이 많다는 걸 느꼈다. 나에게는 와인을, 집사람에게는 그쪽 부인이 손수 뜨개질하여 만든 인형을 선물했는데, 그 정성에 무척 감동을 받았다.

독일은 선물도 금액 규정이 있어서, 당시에 30유로 이상의 선물은 주고받을 수 없었다. 우리는 한국의 전통적인 선물인 부채나 조그마한 도자기 같은 것을 준비해 갔는데, 역시나 한국적인 것을 받으니 기쁜 듯했다. 이렇게 개인 대 개인에서 부부끼리도 자주 만나게 되니, 거래선과 판매업자 관계에서 점차 우리는 친구가 되어가고 있었다. 비록 나이 차이는 4~5살 났지만 그런 것은 상관없었다. 그 거래선의 딸도 함께 골프 라운딩도 했고, 딸과 아들의 공부에 대한 이야기, 유학에 대한 이야기 등 서로 개인적인 일까지도 이야기하는 관계가 되었다. 본인이 비즈니스를 어떻게 일구었는지, 은퇴하면 무엇을 할 예정이라는지 등 정말 친구끼리 하는 이야기를 우리는 나누었고, 내가 힘든 시기에 진정으로 옆에서 조언을 해주는 사이가 되었다.

스페인 마요르카 거래선 별장에 초대되다

서양 사람들은 웬만하면 집으로 사람들을 초대하지 않는다. 이 말은 정말 진정한 친구들만 집으로 초대한다는 이야기와 같다. 해외 주재원 생활을 하면서 나는 여러 차례 거래선의 집에 초대받은 적이 있었다. 호주에서, 멕시코에서 집으로 초대받은 적이 있었다(아쉽게도 미국은 기회가 없었다).

독일에서는 한 번은 거래선의 집으로, 한 번은 거래선의 별장으로 초대받은 적이 있었다. 독일의 부유층들은 날씨 좋은 스페인 마요르카섬이나 이탈리아 등에 별장을 많이 소유하고 있다. 독일이 6개월은 날씨가 좋으나 나머지 6개월은 비가 오거나 흐린 날씨가 지속되어, 햇빛이 강렬한 스페인이나 이탈리아에 별장을 소유하는 것이다. 그런데 한 거래선이 스페인 마요르카섬에 별장과 와이너리를 소유하고 있는데, 3박 4일 동안 자기와 같이 가서 와인 마시고 스페인 음식(하몽 등)을 먹으며 골프나 치자고 초대를 한 것이다.

여름 휴가 시즌이 되자 나는 거래선의 초대에 응했다. 물론 비행기 요금은 내 개인 돈으로 지불하고 스페인 마요르카섬으로 갔다. 워낙 독일인들이 스페인 마요르카섬으로 많이 가니 비행기 삯은 얼마 되지 않았다. 한두 끼 정도는 한국의 전통 음식을 대접하고 싶어 냉동 가방에 갈비를 포장해 갔다. 그렇게 우리들은 마요르카섬의 별장에서 즐거운 휴가를 즐겼다. 거래선 본인이 소유한 와이너리에서 생산한 레드와인과 거래선의 친구가 준비한 스페인 음식, 그리고 내가 준비한 LA 갈비를 먹으며 함께 수영하고 사우나를 하며 골프 라운딩을 하니 안 친할 수가 없는 사이가 되었다. 지금도 그때의 사진을 보고 있으면 웃음이 절로 나며 당시가 그리워진다.

마요르카는 스페인이 낳은 세계적인 테니스 스타인 라파엘 나달의 고향으로, 그가 지금도 살고 있는 고장이다. 풍광 아름다운 그곳을 구석구석 드라이브하고, 와이너리를 방문하며 맛집도 탐방하면서 3박 4일의 시간이 너무 빠르게 지나갔다. 나뿐만 아니라 은퇴한 다른 친구들도 초대하여 함께 해서, 또 그들과도 찐한 우정을 나누는 사이가 되었다. 그리고 유럽의 부자답게 본인이 수십 마리의 말도 키웠는데, 스스로 주최한 경마 대회에도 우리 부부를 초대하여 참관하고, 또 말 키우는 모습도 보여주었던 추억이 새삼스럽다.

독일 친구 같은 은퇴 생활을 꿈꾸며

나는 독일에서 만 7년 2개월을 살다가 지난 2022년 10월에 귀국했다. 아직도 한국 생활이 낯설고 어리바리하다. 특히 서울의 교통질서를 보노라면 독일이 많이 그립다. 예를 들어, 보행자가 횡단보도에 서면 독일에서는 운전자가 무조건 멈춘다. 그런데 한국에서는 횡단보도에 보행자가 있어도 운전자들이 무시하고 그냥 지나가는 경우가 대부분이다. 이런 경우 독일에서는 보행자가 그 차량의 번호를 적어 신고할 수 있다. 한국인의 정서상 이해가 잘 되지 않겠지만, 나는 오히려 한국에서 교통질서를 지키지 않는 운전자들이 이해가 안 될 뿐이다.

또 운전을 할 때 갑자기 어디선가 끼어들기를 하는 운전자들 때문에 놀란 적이 한두 번이 아니다. 아마 나도 과거에 그랬을 수 있지만, 독일에서 오래 살아서 독일 문화에 익숙해서인지 이러한 한국 운전자들을 이해하기 힘들다. 그래서 웬만하면 운전을 하지 않고, 대중교통을 이용한다. 이런 일을 겪을 때마다 독일로 돌아가고 싶기도 하고, 가끔씩 왓츠업으로 또 이메일로 안부를 물어주는 독일 친구들 때문에 독일로 다시 돌아가고 싶은 생각이 하루에도 여러 번 든다.

독일에 있을 때부터 나랑 은퇴 후의 삶에 대해 진지하게 이야기를 나누었던 독일 친구는 현재 은퇴해서 여유로운 생활을 하고 있는 중인데, 나는 여전히 현업에 있다 보니 독일의 여유로운 생활이 더 그리운 것도 같다. 아내와 크루즈 여행을 다니며 본인이 하고 싶었던 봉사활동을 하며 은퇴 후 삶을 사는 독일 친구를 보며, 나 역시 우아한 은퇴를 꿈꾸어 본다.

더치페이의 네덜란드, 정 많고 또 많다

지금도 연락을 주는 또 다른 친구는 네덜란드인이다. 우리가 알고 있는 네덜란드인들은 더치페이(각각 돈을 내는 것)라는 말이 유래된 것처럼 정이 없고 매우 딱딱하다고 생각하겠지만, 내가 겪은 네덜란드인들은 그렇지 않았다. 내가 회사를 떠나고 힘들 때 물심양면으로 나를 지원해주고, 현지에서 만 4년간 일을 할 수 있게 도와준 이가 네덜란드 친구이다.

독일 친구 역시 내게는 은인과도 같다. 특히 그는 내가 갑자기 회사를 떠나게 되었을 때, 당시 고3, 중3인 두 딸의 학교에 대한 고민을 털어놓으니 자기 집에 남는 방이 여러 개 있고 본인 딸과 아들은 미국과 영국에 있으니 우리 두 딸들이 고등학교 졸업할 때까지 자기 집에 있으라고까지 이야기해주었다. 물론 그렇게 하지는 않았지만, 그 말을 듣는 순간 진정한 우정이 무엇인지 깨달을 수 있었다.

마음을 내어준 독일 친구, 네덜란드 친구 모두 내게는 큰 도움을 준 은인들이다. 네덜란드 친구는 내가 안정적으로 현지에서 일할 수 있게 도와줬으니, 나로서는 독일에 근무하면서 진정한 친구를 두 명이나 얻게 된 셈이다. 지금도 그들과는 자주 소통하고 연락하며 지낸다. 서로 어려운 일이 있으면 이야기하며 서로에게 힘이 되어주는 친구가 유럽에 있다는 건 내 삶에 커다란 행운이자 크나큰 재산이다.

프랑스, 프라이드에 살고 프라이드에 죽는다

혁명과 자유의 나라 프랑스

우리나라 사람들, 특히 여성 가운데는 프랑스에 대해 로망을 갖고 있는 사람이 많다. 프랑스 하면 떠오르는 상징물은 매우 많다. 에펠탑, 개선문, 샹젤리제 거리, 루브르 박물관과 오르세 미술관, 베르사유 궁전 같은 건축물을 비롯해 다양한 와인과 푸아그라와 달팽이 요리까지…….

프랑스 하면 날씨 좋은 날 감미로운 샹송을 들으며, 파리 센 강변에서 데이트하는 상상만 해도 즐겁다. 유럽 내에서도 영국, 이탈리아, 스페인과 더불어 관광객들이 가장 붐비는 나라이다.

그래서 내가 대학교에 다니던 시절만 해도 프랑스어과는 여학생들에게 유독 인기가 많았고, 우수한 학생들도 많이 지원해 다녔던 기억이 있다. 지금은 시대가 많이 변해서 어떤 사정인지는 잘 모르겠지만, '라떼'는 그랬다.

나는 프랑스어를 전공했지만 프랑스에 주재한 적은 없다. 그러나 프랑스어를 전공했었고, 배낭여행 갔을 때도 유독 한 달 이상을 혼자 돌아다닌 나라가 프랑스였다. 본사 유럽 팀장 시절에는 출장도 자주 갔었기에 주재한 적은 없어도 프랑스를 자주 접하고, 프랑스인을 자주 만날 기회가 많았다.

이런 프랑스의 아름다운 모습과는 달리, 내가 만나본 프랑스인들은 상당히 고집이 세고 무뚝뚝한 사람들이 대부분이었다. 이는 내가 학부생 때 프랑스인 교수님들을 접하면서부터 쭉 이어져 온 나의 생각이다. 프랑스인들은 한번 화가 나면 매우 다혈질이었다(물론 100% 다 그렇다는 이야기는 아니다. 어느 나라에나 성향이 다른 사람들은 있기 마련이니까. 다만, 내가 겪고 만나본 프랑스인들은 거의 그랬다는 이야기다). 학부 때 프랑스 교수님 세 분(두 명은 남자, 한 명은 여자였다)의 성향이 모두 비슷했다. 그래서 나는 그때부터 프랑스인들의 성향이 대체적으로 그런 줄 알았다.

졸업을 하고 사회생활을 하면서 만난 프랑스인들 역시 대체적으로 내 예측과 맞았던 것 같다. 그래서 프랑스인들과 대화를 하거나 미팅을 할 때는 좀 더 신경을 썼다. 프랑스의 대혁명을 보자. 왕을 단두대에 세워 머리를 절단한 이들이 프랑스 시민이었다. 또 파업이 심하기로 유명한 유럽에서도 프랑스의 파업이 가장 심할 정도로 본인들에 대한 의견을 잘 굽힐 줄 모르는 사람들이다.

한국에서 오랫동안 방송 활동을 한 프랑스인, 이다도시 씨는 특유의 빠른 말과 제스처로 시청자들에게 익숙했다. 그런데 내가 겪어본 프랑스 여성들은 대개 이다도시 씨와 비슷한 성향이 많다. 그리고 프랑스인들은 자유로운 영혼을 갖고 있는 사람들이 많은 듯하다. 특히, 사생활에 대해 무척 관대하다. 과거 프랑수아 미테랑 대통령에게는 사생아가 있었는데도 언론에서는 이를 '프라이버시'라 하여 대통령 재임 기간 중에는 이 사실이 알려지지 않았고, 에마뉘엘 마크롱 현 대통령은 고교 시절 은사이며 친구의 어머니와 결혼을 한 것만 봐도 프랑스인들이 얼마나 자유로운 사고를 갖고 있는지 알 수 있다. 우리나라에서 이런 이력을 가진 사람이 대통령이 후보로 나온다면, 과연 대통령으로 당선이 될 수 있을까 싶다.

독일인과 다른 프랑스인

나는 독일에 7년 2개월을 살았는데, 프랑크푸르트에서 파리까지 당일치기로 자주 다녀오곤 했다. 독일이 프랑스와 국경을 접한 데다가 스트라스부르에 대학/학과 선배님이 살고 계셔서 골프 치러 자주 왕래했던 것이다. 독일과 프랑스를 왔다 갔다 하면서 독일인과 프랑스인들을 자주 접하다 보니, 두 국민의 차이를 알 수 있었다. 프랑스는 휴가를 가기 위해 일을 한다고 할 정도로, 본인들의 휴가 및 여가가 매우 중요하다. 같은 국경을 접한 유럽의 나라인데도, 독일은 주당 근무시간이 48시간인 데 비하여 프랑스는 35시간이다(대한민국은 현재 52시간이다).

개인 휴가 및 여가 시간이 중요하다 보니 개인에게 투자하는 시간과 비용이 크다. 그렇기에 패션, 화장품 등에 더 소비를 하기에 프랑스의 패션 산업과 화장품 산업이 다른 나라보다 더 발전한 게 아닌가 생각한다. 아주 오래전 미국 〈파이낸셜 타임즈〉에서 미국 기업가들을 대상으로 아주 흥미로운 설문 조사를 하였는데, 주제가 프랑스인, 독일인, 영국인들의 기업가들은 어떤 유형인가에 대한 것이었다. 설문 조사 결과 프랑스 기업인들은 독재형, 독일 기업인들은 민주형, 영국의 기업인들은 엘리트형이라고 정의를 내렸다고 하는데, 나름 맞는 조사라고 생각한다. 프랑스에 출장가서 미팅을 할 때, 거래선들의 성향들이 매우 딱딱하다고 생각한 적이 많았는데 역시 이러한 조사가 맞지 않나 생각한다. 내 기억으로는 프랑스 출장 시 거래선들과 협상을 했던 게 가장 힘들었던 것 같다. 프랑스 거래선들은 본인들이 원하는 가격 수준과 배송 시점 두 가지를 지키지 않으면 추가 오더를 못 주겠다고 아주 거만하고 딱딱하게 이야기를 해서 나를 많이 어리둥절하게 한 적이 많았다. 결국, 나중에 현지 법인에서 협상을 잘했지만, 어려웠던 협상으로 기억에 남는다. 물론 그 거래선만의 특성일 수도 있겠지만, 유럽 내에서 비즈니스를 하거나 주재원으로 나가게 일을 할 경우, 이러한 성향을 미리 알아두면 좋을 것이다.

언어에 대한 자부심일까? 영어를 못하는것일까?

많은 사람들이 프랑스인들은 자국어에 대한 자부심이 엄청나다고 알고 있다. 프랑스인들은 영어를 아는데도, 일부러 영어로 물어보면 영어로 답하지 않고 프랑스어로 답한다고 하기도 한다. 1990년대에 처음으로 유럽을 방문했을 때는 프랑스도 독일도 영어로 소통이 쉽지 않았었다. 지금에서 와 보니, 당시에는 독일에서도 공교육에서 조기 영어 교육을 실시하지 않았었다고 한다. 그러나 지금은 독일에서 젊은층 중에 영어를 못하는 사람들이 거의 없다. 이유는 독일에서는 초등학교 3학년부터 영어를 가르치다가 요즘에는 1학년부터 가르치기에, 공립 고교만 졸업하면 누구나 영어를 할 수 있다.

그러나 프랑스는 1989년부터 초등학교 4학년부터 영어를 가르치다가 1994년부터 초등학교 2학년 때부터 가르치기는 하나, 최근까지도 영어 교수 수급에 어려움이 있다고 하는 등 영어 조기 교육에 대한 열정이 독일에 비해 많이 뒤처져 있다. 어떤 이들은 '프랑스어에 대한 자부심이 하늘을 찌르는데 왜 우리가 영어를 배워야 하나'라는 인식이 아직도 있는 듯하다. 아주 오래전 영국의 귀족들도 프랑스어를 배우는 데 열심이었을 정도로 프랑스어는 프랑스국민들의 자존심이자 자부심의 원천이라고 여기는 프랑스인들이 여전히 많아 영어 교육 및 공부에 아직도 소홀히 하고 있지 않은가 짐작한다.

실제로 독일에서 프랑스 국경을 넘어가면 영어를 사용하는 데 매우 불편함을 느낀다. 경제적인 면에서도 과거에 비해 프랑스가 독일에 많이 뒤처져 있는 것도 사실이다. EU 내에서의 위상도 독일에 비해 떨어지고, 아직 군사적으로는 강국일 수 있으나 제조업, 금융업 등이 전반적으로 예전 같지 않다. 그 원인 중 하나로, 나는 프랑스가 글로벌 시대에 너무 자기 것에만 치중에 있기 때문이 아닌가 짐작한다. 자국어도 물론 당연히 중요하지만, 영어는 세계 공용어로서의 역할이 분명히 있다. 프랑스도 이젠 영어 조기 교육을 철저히 하고, 프랑스에서도 영어를 사용하는 데 불편이 없도록 해야 하지 않나 생각한다. 그러나 프랑스는 여전히 영어를 못하는 거래선들이 많이 있기에, 프랑스 시장을 뚫으려면 프랑스어를 하는 사람이 프랑스로 진출하는 것이 유리하다.

프랑스 거래선과의 협상 시 팁

앞에서 언급했듯이, 프랑스인들은 '프라이드'가 매우 높다. 따라서 이런 성향의 프랑스인들과 협상하려면 철저한 논리적인 기반 위에서 해야 한다. 시민계급이 일으킨 여러 차례의 유혈 혁명을 통해 민주주의를 이끌어낸 나라이기에 상대방과의 협상을 잘 하려면 철저한 논리를 준비해야 한다.

내가 만나본 프랑스인들은 내가 만들어낸 논리가 맞으면 내 요구에 흔쾌히 수긍했다. 그렇기에 나의 경우 어느 미팅에서든 준비를 철저히 하지만, 프랑스 방문 시에는 더욱더 철저히 준비를 했다.

프랑스 거래선과 협상할 때 있었던 인상 깊은 에피소드가 있다. 프랑스의 한 거래선이 내가 팔던 제품의 가격이 높다고 무조건 가격을 깎아달라고 했다. 그쪽 성향을 어느 정도 알고 있었기에 나는 이 거래선의 예상 요구를 사전에 써 넣고, 이 경우 내가 제시할 수 있는 가격대의 제품을 미리 파악하여 생산 일정 등을 알려주었다. 신제품의 경우는 대개 곧 생산이 중단될 제품보다 가격이 높게 책정되기에 본사와의 논의를 통해 우리가 제시할 수 있는 여러 개의 안을 준비해서 협상을 한다. 그러면 거래선들도 이에 합당한 회답을 수용하는 편이다. 물론, 저렴한 올드 제품보다는 높은 가격대의 신제품에 대한 품질이 높아진 여러 가지 이유를 설명하다 보면 어느덧 거래선은 나의 논리에 빠져들어 내 요구를 받아들이는 경우도 많았다.

그렇긴 해도, 내 경험상 여러 나라 사람들과의 협상 가운데에서도 늘 프랑스 거래선과의 협상이 가장 어려웠다. 그래서 프랑스인과 만날 때는 더욱 철저한 사전 준비를 했고, 이를 바탕으로 성공적인 협상을 이끌어냈다. 프랑스 거래선들이 매우 까다롭고 난이도가 높긴 해도 준비만 철저하다면 성공할 수 있으니 지나친 두려움을 가질 필요는 없을 듯하다.

멕시코에서 끊었던 담배를 다시 피우다

고부가가치 제품을 팔아라

어느 회사나 마찬가지겠지만, 해외 주재원들은 고수익이 나는 고부가가치 제품을 많이 팔라는 지침을 받는다. 현대차의 경우, 아반떼 차량을 많이 판매하는 것보다 제네시스 같은 프리미엄 제품을 팔아야 수익이 많이 남는다. 타이어도 마찬가지다. 고인치(15인치, 16인치 제품보다는 17인치, 18인치, 19인치, 20인치 이상) 제품이 수익률이 훨씬 좋다. 회사는 매출도 중요하지만 영업이익도 중요하기에 늘 영업이익률을 고려하면서 판매를 해야 했다.

멕시코 지사로 발령받고 업무를 시작했을 때, 본사에서는 고부가가치 하이인치 제품의 목표를 전년 대비 거의 배로 세워놓고 판매를 하라고 하여 참 난감한 상황이었다. 멕시코로 오기 전에 근무했던 미국 시장만 해도 인치업(출고 시 달고 나온 휠을 더 큰 휠로 교체하여 주행 성능을 높이는 튜닝 방법) 시장도 발달되어 있고 시장 자체가 고부가가치 시장으로 규모가 커서 판매가 용이했는데, 멕시코는 미국에 비해 이러한 시장 규모가 협소하여 어떻게 판매를 확대해야 할지 걱정이었다. 그래서 우선 멕시코 시장 분석을 하고 주요 거래선들을 리스트업하여 거래선들이 어떤 취향의 거래선인지를 파악하였다. 판매 집계를 매달 하니 시간적인 여유가 없었다. 고인치 제품은 가격이 비싸니 대도시 위주로 거래선을 찾았고, 그래서 멕시코 시내에 있는 내가 찾던 한 거래선을 찾았다. 주로 인치업을 하고자 하는 젊은이들을 대상으로 휠과 함께 고인치 타이어 제품을 판매하는 거래선이었다. 이 거래선의 판매 중 20~30%만 내가 가져와도 그 판매량이 목표를 달성할 수 있을 듯했다.

당사 제품은 판매를 하지 않았고 우리의 경쟁업체 제품들만 팔고 있었으니, 우리 제품만 이곳에 판매를 해도 경쟁업체의 판매 감소도 가져올 수도 있으니 일거양득이라 생각했다. 리테일샵도 수십 개가 있었고 도매도 멕시코 전역에 하는 업체여서 어떻게 해서든 이 거래선과의 거래 개시 목표를 잡았다. 곧 직원을 통해 방문 약속을 잡았다. 첫 방문이라 비즈니스 관련 이야기보다는 얼굴을 트는 게 주 목적이어서 조그마한 선물을 준비하고 거래선을 방문하였다.

결국 금연 약속은 무너졌으나

멕시코의 수도 멕시코시티는 우리나라 백두산(2744m)보다 높은 고지대에 위치해 있다. 나는 젊은 시절부터 담배를 피웠다 끊었다를 반복해왔었는데, 미국에 주재할 때는 담뱃값이 워낙 비싸 한동안 담배를 피지 않았었다. 거기다가 멕시코시티에 온 이후로 갑자기 혈압이 올라서, 멕시코에 부임하고 얼마 되지 않아서부터는 고혈압 약을 복용하기 시작했다. 그래서 더군다나 담배를 필 엄두도 내지 않았었다. 그런데 세일즈맨과 함께 이 거래선을 방문한 첫날, 이 거래선 오너는 나에게 담배를 피우냐며 권유했다. 아예 회의실에는 재털이가 2개가 놓여 있었고, 담배도 가지런히 준비되어 있었다.

처음부터 나에게 담배 이야기부터 시작하는 거래선 오너. 일반 담배에서 시가까지 담배 이야기에 여념이 없었다. 순간, 고민이 되었다. 이 거래선을 어떻게 해서든 잡으려면 나도 담배를 여기서 한 대 피워야겠는데, 집사람한테 금연하기로 약속은 했고, 의사 선생님께도 담배는 안 피우겠다고 했는데 여기서 약속을 저버려야 할지 머릿속을 계속 맴돌았다. 그러나 일단 이 거래선을 잡아야겠다는 생각이 나를 더 자극했다. 그래서 결국 나도 담배를 한 대 피워도 되겠냐고 물어보고 회의실 탁자 위에 있던 담배를 하나 물었다. 3년여 만에 다시 피우는 담배. 결국 금연 약속은 무너졌다. 그러나 거래선만큼은 잡아야겠다는 굳은 마음이 먼저였다.

이 거래선은 회의를 하는 내내 거의 줄담배를 피웠다. 담배를 함께 피우면서 우리는 동질감을 갖게 되었고, 첫 만남에서 거래를 시작하겠다는 긍정의 표현을 하였다. 그래서 첫 만남에서 돌아온 며칠 후, 우리 회사 제품의 가격표와 조건 등을 정성스럽게 세일즈맨과 마케팅 담당자에게 만들어서 보낸 후 드디어 첫 오더가 수주되었다. 그것도 오더의 90%가 고부가가치 제품이었다. 이 거래선으로 인해서 계속 나는 고부가가치 제품뿐만 아니라 전체 매출 목표를 초과 달성했고, 그해 전 세계 법인/지사 평가에서 1등을 기록하였다.

급작스러운 거래선 사장의 죽음

멕시코의 그 거래선은 나에겐 정말 고귀한 존재였다. 그래서 다른 거래선보다도 더 자주 방문을 했고, 그때마다 그 거래선과 줄담배를 피웠다. 늘 가면 담배 이야기부터 시작했다. 이 거래선으로부터 시가도 알게 되었고, 피워보기도 했다. 나는 금연자에서 다시 흡연자가 되었다.

혈압은 혈압약으로 조절을 하다 보니 정상 수치에 머물렀고 담배를 펴도 그다지 문제가 없는 듯했다. 그리고 멕시코는 미국에 비해 담뱃값이 반값도 안 되었으니 경제적으로 그리 큰 부담도 없었다. 그래서 한국에서 오는 출장자들에게 한국 담배를 좀 사 오라고 해서 그 거래선에게 한국 담배를 선물해주기도 했다. 한국 담배 맛이 좋다고 칭찬도 하며, 우리는 담배 이야기 반, 비즈니스 이야기 반을 나누는 지경이 되었다.

집사람에게는 금연 약속을 어겼다고 비난을 들었지만, 그래도 지사장으로서 매출과 영업이익이 좋으니 사무실에 출근하는 것도 즐거웠다(해외 영업 책임자로 나가면, 실적이 얼마나 중요한지 안다). 그렇게 행복한 멕시코 생활을 하면서 1년이 조금 흐른 어느 날, 세일즈맨이 내 방에 들어오더니 슬픈 소식이 있다며 그 거래선이 갑작스럽게 사망했다고 했다. 너무 놀란 나는 정신을 수습하고는 장례 일정에 맞춰서 장례식장을 찾았다. 거래선의 아들이 빈소를 지키고 있었다. 나는 그에게 아버님의 갑작스러운 부고 소식이 웬일인지를 물었다. 거래선의 아들 역시 아버지의 갑작스러운 사망에 충격을 받은 듯했다. 평소에 지병이 있었던 것도 아니고, 사고도 아니었다. 그냥 평소처럼 잠자리에 들었는데, 아침에 일어나지 못했다는 것이었다.

순간, 나는 너무 많은 담배를 피워서 급사한 게 아닌가 하는 생각을 했다. 그 거래선과 미팅을 1시간 정도 하면, 그 거래선 오너는 담배를 거의 내내 입에 물고 있었기에 난 죽음의 원인이 담배라고 생각했다. 그 아들도 나와 같은 의견이었다. 너무 막막했다. 오히려 내가 담배를 좀 줄이라고 말을 했어야 했던 게 아닌가 하는 생각도 했지만, 이미 하늘나라로 간 거래선 오너는 다시 살아 돌아올 수 없었다. 나는 그 장례식에 다녀온 후 다시 담배를 끊었다. 담배가 사망의 원인인지 아닌지는 알 수 없는 일이지만, 가까이 지내던 거래선 오너의 급작스러운 죽음 앞에서 나는 건강을 생각하지 않을 수 없었다. 나는 다시 금연을 결심했다.

고부가가치 판매 목표 대비 1위 그리고 국무총리 표창상

끊었던 담배를 피우면서까지 신규 거래선과 거래를 개시했지만, 그 거래선 오너의 죽음으로 한동안 실의에 빠졌었다. 다행히, 그 거래선 오너 밑에서 일을 계속하던 아들이 모든 비즈니스를 인계받아서 우리의 고부가치 제품의 판매는 지속되었다. 그리고 이 거래선을 통해, 멕시코 북부 및 남부 지역에 위치한 형제들의 업체까지 소개를 받아서, 판매 실적은 목표 대비, 전년대비 타의 추종을 불허할 정도로 급성장하였다. 그해 법인/지사 평가에서 연속 분기 1위를 차지했고, 연간으로도 1위를 차지하는 영광을 누렸다.

그리고 그해 무역의 날을 기념하며 나는 국무총리 표창을 받게 되었다. 당시 수입산 실적을 계산해보니, 우리 회사 제품이 수입산 마켓 셰어 1위를 차지했다. 그 거래선과의 거래 개시를 위해 담배를 피웠던 열정이 있었기에 달성했던 영광이라고 생각한다.

그 거래선은 회사 입장에서는 돈을 많이 벌어다 주었으니 고맙고, 나 개인으로서는 이러한 실적을 달성하게 해주었으니 너무나도 고마운 존재였다. 이렇게 좋은 일이 많은데 정작 거래선 오너만은 세상에 없으니 안타까운 마음뿐이다. 지금도 가끔씩 당시 내게 시가와 담배를 권하던 거래선의 모습이 떠오른다. 사람 좋고 넉넉한 얼굴로 같이 사업 이야기를 나누었던 시절이 꿈만 같다.

'내가 다시 그때로 돌아간다면 다시 담배를 피웠을까?' 하는 생각을 잠시 할 때가 있는데, 그래도 거래선을 잡기 위해서라면 나는 다시 담배를 피우는 모험을 감행하지 않았을까 짐작한다. 멕시코에서 성과를 올리게 도와주고 같이 이런저런 기억을 나누어준 그의 명복을 마음속 깊이 빈다.

호주, 이민자와 원 백인에 따라 대응 방식이 달라야 한다

천연 자연의 나라, 그러나 정반대의 나라 호주

누구나 한 번쯤은 가보고 싶은 나라 호주. 북반구에 위치한 한국과 달리, 적도 아래의 남반구에 위치한 호주는 날씨가 정반대이다. 한국이 여름일 때 호주는 겨울이고, 한국이 겨울일 때 호주는 뜨거운 여름이다. 내가 부임한 시기가 12월로 한국에서는 매서운 추위가 한창인 계절이었는데, 호주에 도착하니 무더운 여름이었다. 무엇보다도 뜨거운 여름인데 시내에 나가면 크리스마스 캐롤과 함께 산타할아버지 복장을 한 산타의 모습을 여기저기서 보는 게 너무 신기했다. 그때까지 살면서 크리스마스는 아주 춥거나 하얗게 쌓인 눈과 함께해야 하는 계절인 줄로만 생각했지 무더운 여름의 크리스마스는 생각지도 못했던 풍경이었다.

부임 후 집을 구하는 데에도 우리나라와는 정반대 집을 선호해 매우 생경했던 기억이 있다. 우리나라는 햇볕이 잘 들어오려면 남향집을 골라야 했는데, 반대편인 호주는 북향집을 골라야 따뜻한 해가 잘 드는 집이었던 것이다. 당연히 호주인들은 햇볕이 잘 드는 북향집을 선호했다. 자동차의 운전석 또한 오른쪽이고 차량이 다니는 길은 왼편이었다.

이렇게 많은 점들이 반대여서 혼동스러운 나라였지만, 천혜의 자연만큼은 세계 어느 나라에 내놓아도 뒤처지지 않는 나라가 호주다. 가까운 곳에 아름다운 비치가 널려 있고, 유명한 오페라 하우스와 하버브리지, 아름다운 산호초, 블루마운틴, 유네스코 세계유산으로 선정된 거대한 바위산 에어즈록 등등 이루 셀 수 없이 멋진 곳들이 많은 나라가 호주이다. 인구는 남한 인구의 반도 안 되는 2천만 명 정도인데, 땅덩어리는 미국과 비슷한 크기이니 이민자들이 계속 밀려올 수밖에 없다. 그래서 호주 정부는 매년 직업군별로 부족 직종의 직업군을 선별하여 이민자의 쿼터를 정해서 받아들인다. 1970년대 초까지만 해도 백호주의(백인 우월주의)가 남아 있었던 나라여서 아직도 나이든 노인들 중에는 백호주의 사상이 있는 사람들이 많긴 하다.

한국의 이민자들은 베트남 전쟁에 참전했던 군인들이 호주로 이민을 가기 시작하여 1980~90년대에 많이 이민을 왔다고 한다. 내가 호주에 첫발을 내디뎠던 2000년에는 호주의 한국 이민자가 5만 명 정도라고 했는데, 아마 지금은 훨씬 많아지지 않았나 생각한다. (현재 호주의 한인 인구는 10만 명이 넘는다고 들었다)

영국, 이탈리아 이민자, 레바논 이민자

호주에 부임해서 가장 큰 거래선이었던 콜스마이어그룹(Coles Myer Group)의 K-mart 계열사 타이어 부문의 Tyremaster라는 거래선을 방문했다. 전임자에게 전달받은 주요 인물들의 내역을 숙지하고 미팅에 참석했다. 사장은 영국계, 이사도 영국계, 부장은 유럽의 몰타에서 온 이민자, 또 다른 부장은 이탈리아 이민자였고 각각에 대한 간략한 인물평에 대해 전임자가 파악한 자료를 수차례 암기했다. 역시 대부분이 유럽에서 온 출신이구나 생각하고 이런저런 이야기를 나누었다. 한국으로 치면 신세계 그룹이나 롯데 그룹 정도의 계열사 사장이나 임원급 자리에 오르려면 당연히 백인에 유럽 출신일 것이라 예상했는데, 역시 내 예상을 크게 벗어나지 않은 듯했다.

다행히, 사장은 고교 시절 태권도를 배웠을 정도로 한국에 대해 너무 잘 알고 있어서 대화가 아주 수월했다. 사장과 대략적인 이야기를 끝낸 후 구매 담당과 마케팅 담당, 물류 담당과 실무적인 미팅을 계속 이어가고 있었다. 비즈니스 이야기를 마친 후 가벼운 대화를 이어갔는데, 마케팅 담당 친구가 호주에 레바논에서 온 이민자들이 많다고 하면서, 자기도 레바논에서 온 이민자라고 한다. 앗, 이런! 내가 사전에 알고 온 정보와는 다른 사실이었다. 그러면서 그는, 자기가 어릴 적 살던 레바논의 베이루트 도시도 참 좋다며, 레바논에 대해서 한참을 이야기한다. 내가 아는 바로는 미국과 중동의 사이가 좋지 않아 호주에서도 중동 출신들이 주요 요직에 있지 않을 거란 편견이 있었는데, 내 정보가 잘못되었던 것이다.

다시 거래선의 주요 인물 리스트를 업데이트하면서, 그 마케팅 담당은 이탈리아 이민자가 아니라 레바논 이민자라고 정정했다. 그 이후, 오히려 난 이 친구와 단둘이 미팅을 하거나 골프를 칠 때, 중동은 같은 아시아이니 우리 더 친하게 지내자고 했다. 그러자 이 친구도 나에게 마음을 열고, 본인이 힘들 때 나에게 이메일도 보내는 사이가 되었다.

인종 차별이 있는 나라?

호주는 백호주의 나라여서 과거 인종 차별이 있었다고는 했지만, 이제 더 이상은 인종차별이 존재하지 않는 나라라고 생각들을 한다. 과연 없을까? 내가 내린 결론은 '사람마다 다른 것 같다'이다. 특히 나이가 좀 드신 노인분들은 확실히 아시아인들을 포함한 유색인종들을 차별하는 사람들이 있었다. 내가 살던 유닛은 호주의 백인 노인들만 사는 곳이었는데, 젊은 아시안 부부가 이사를 오니, 나와 집사람에게 보내는 눈총이 있었다. 그래서 적잖이 불편했었다.

우리가 살던 아랫집의 호주 할머니 한 분은 다행히 젊은 시절 간호사로 일하시면서 일본도 다녀오신 적이 있어서, 아시안에게 매우 우호적이었는데, 위층에 살던 호주 할아버지는 정말 그곳에 사는 2년 내내 눈길 한번 주지 않았다. 호주에 대해 아무것도 모르던 시절, 호주에서는 유닛이나 아파트 베란다에 빨래를 널면 안 되는 걸 모르고 빨래를 널 적이 있었는데, 이를 신고하여 경고장을 받게 한 적도 있었고, 주차장 문을 제대로 닫지 않는다고 나에게 화를 낸 적도 여러 번 있었다. 한눈에 보기에도 내가 아시안이라서 좀 깔보는 듯했다.

요즘이야 그런 한국 사람은 없겠지만 불과 얼마 전까지만 해도 동남아에서 온 사람이나 아프리카에서 온 사람들이 같은 빌라에서 산다고 하면, 좀 깔보는 것과 뭐가 다를까 하는 생각을 해봤다. 그리고 결정적으로 인종 차별을 겪었던 사건이 하나 있었는데…… 호주에서 귀국하기 두어 달 전에 큰 애가 바다를 보고 싶다고 하여 롱비치에 갔었다. 바다를 보고 돌아오는 길, 신호등에서 정차를 하고 있었는데 정차한 내 차를 버스가 스치는 사고가 났다. 누가 봐도 난 멈춰있는 상태였기에 그 버스 운전사의 명백한 잘못이었다. 그런데 백인의 운전자와 2~3명이었던 백인 승객들은 모두 나에게 책임을 뒤집어씌우는 일이 벌어졌다. 정말 환장할 노릇이었다. 당시에는 CCTV라는 것도 없었고 차 내에 카메라 같은 것도 없을 때였으니……. 내 차는 옆쪽이 움푹 파였지만, 버스는 아무런 외상이 없었다. 결국, 그 운전자와 승객들은 내 잘못이니 그냥 가라고 계속 독촉을 했다. 경찰을 불러도 백인 승객들이 모두 그 백인 운전자 편을 들고 있으니 나는 억울했지만 그냥 올 수밖에 없었고, 내 차만 보험으로 수리한 기억이 있다. 그 사건 이후 역시 호주는 아직도 인종 차별이 남아 있는 나라로 내 머릿속에 남아 있다.

어디서 온 이민자인가?

호주는 영국에서 온 이민자들(죄수들)이 세운 영연방 국가이다. 영국에서 파견한 총독이 아직도 있는 나라이다. 그렇기에 영국에서 온 이민자가 가장 많은 나라이지만, 이탈리아나 그리스, 몰타 등 유럽에서 온 이민자들도 많다. 그들은 같은 서유럽 출신이라는 공감대가 있지만, 최근 급증하고 있는 중동 출신 이민자들은 서유럽 출신들과 비즈니스 협상을 할 때 조심할 필요가 있어 보인다. 레바논은 프랑스와 친밀한 관계에 있다고 하더라도 전반적으로 호주는 친미 국가라서 그런지 중동 쪽 이민자들은 호주에서 아직도 3D 업종에 많이 종사하고 있다. 대기업에는 유럽 출신이 많이 포진해 있고, 자동차 수리점, 타이어 매장 등은 중동 출신들이 많이 종사하고 있다. 그래서 나는 본사 방문 시와 리테일 매장 방문 시에는 논의할 주제를 다르게 준비했다. 시드니에 위치한 가장 큰 고부가가치 제품을 판매하는 리테일 매장 점주도 중동 레바논에서 온 이민자인데, 갈 때마다 아랍어 인사말과 인샬라를 연발하면 그 친구도 아주 좋아했다. 이 친구도 지금까지 나와 소통을 이어가는 친구인데, 늘 언제 시드니에 올 거냐고 재촉하며, 어서 방문해 골프를 함께 치자고 제안한다. 이처럼 호주에는 은근히 중동 이민자 출신 비즈니스맨들이 많으니 이에 맞게 대처를 하는 게 좋다.

중동 국가 거래선에서 받은 선물은 거절하면 안 될까?

중동 국가의 금기 사항

중동 국가에서는 주재한 적이 없었지만, 본사 팀장으로서 중동의 거래선과 많은 교류가 있었고, 또 호주에서 근무할 때 중동 출신 거래선들을 많이 만났기에 그들에 대해 공부할 기회가 있었다. 우선 대부분의 중동 국가들은 이슬람교를 믿는다. 따라서 중동 국가 거래선들과 비즈니스를 위해서는 이슬람교의 금기 사항을 알 뿐만 아니라 이슬람 문화에 대한 이해와 배려가 반드시 필요하다. 먹는 것부터 행동하는 것까지 우리에게 익숙하지 않은 문화가 많다.

가장 알려진 첫째 사실은 이슬람교는 술이나 돼지고기를 먹지 않는다는 점이다. 그렇기에 이슬람이 금지하는 음식을 권하거나 먹지 않아야 한다. 중동 거래선이 한국을 방문할 때도 절대 돼지고기가 나오는 집은 가지 않고, 또 절대 술을 권하지도 않으며 우리도 술을 마시지 않아야 했다.

둘째, 드레스코드에 유념해야 한다. 알다시피 중동 국가의 남녀 차별은 유명하다. 사우디아라비아는 아직도 여성이 운전을 할 수 없으며, 대부분의 중동 국가에서 여성들은 히잡을 쓰거나 아바야를 입어야 한다. 남성들은 아무리 덥더라도 반바지 등은 입으면 안 된다. 박근혜 전 대통령이 재임 시절 중동 국가를 방문했을 때 간단한 히잡을 했다고 말이 많았으나, 로마에 가면 로마법을 따라야 하듯이, 방문 국가의 문화를 존중한다는 의미에서 히잡을 한 건 올바르지 않았나 생각한다.

셋째, 종교나 정치에 대한 이야기는 하지 않는 게 좋다. 물론, 본인이 같은 이슬람교도라면 할 수 있겠으나, 그렇지 않은 경우는 차라리 하지 않는 게 좋다.

넷째, 남녀의 차이를 인정해줘야 한다. 중동 국가들은 대부분 일부다처제이다. 아직도 지구상에 이런 문화가 남아 있다는 게 의아하지만, 이슬람 국가들의 문화이니 이 또한 언급을 하지 않는 게 좋다. 그리고 비즈니스 미팅을 할 때는 절대 본론부터 이야기하지 않는 게 좋다. 가벼운 이야기를 좀 더 많이 한 후에 비즈니스 이야기를 하는 걸 추천한다.

다섯째, 하루에 보통 5회를 하는 기도 시간은 철저히 지켜주어야 한다.

여섯째, 시간, 일정 등으로 압박을 하면 안 된다. 중동 사람들은 이런 압박을 무척 싫어한다. 그리고 인샬라(신의 뜻대로)라는 말을 자주 하는데, 이에 동조하며 따라 하면 무척 좋아한다.

오! 사보이 사건

아직도 기억에 남는 일이다. 당시 사원이었던 나는 아태 지역 업무를 했지만, 아태와 중동 지역이 같은 팀이어서 비슷한 시기에 중동 지역의 거래선들이 동시에 오면 함께 도와주는 역할을 했다.

당시 팀장님은 아프리카 남아공에 주재했던 분이었는데, 지금 생각해보면 중동 국가에 대한 지식이 없이 팀장 역할을 수행했던 것 같다. 거래선이 한국 방문을 했는데, 그 거래선의 매출 실적이 타 거래선들보다 크지 않다고 호텔을 명동에 위치한 사보이 호텔(지금은 없어졌다)로 잡게 했다. 그 거래선의 담당자가 신입사원이어서, 나와 함께 호텔까지 케어를 하라는 지침이 내려와 나는 신입과 함께 거래선을 사보이 호텔로 안내했다. 그런데 나는 그 중동 거래선이 그 호텔을 보자마자 안색이 확 변하는 것을 보았다. 그리고는 그는 우리에게 당장 서울에서 가장 비싼 호텔로 예약을 다시 해달라고 부탁했다. 금액은 비싸도 상관없다는 말과 함께…….

그러면서 그는 "오~사보이"라는 말을 수차례 하였다. 화가 많이 난 상태였다. 자기가 수차례 한국을 방문했는데, 이런 푸대접은 처음 본다며 나에게 누가 이 호텔에 예약을 했냐고 물어봤다. 난 그저 당시 팀장이 지시한 것이라는 말은 못 하고 머뭇거렸다. 그리고 급히 인근의 5성급 호텔을 수배했다. 플라자호텔, 하얏트 호텔은 예약이 다 차서, 결국 강남 인터콘티넨탈 호텔의 VIP실로 예약을 하고 그 호텔로 그 거래선을 모셨다.

그는 인터콘티넨탈 호텔에 들어서야 화가 풀리는 듯했다. 그 거래선은 나름 아랍에미레이트에서 돈 많은 부호였는데, 푸대접을 받았다고 생각을 하는 듯했다. 다음 날 공장을 견학하면서 이런저런 이야기를 했지만, 그 호텔 사건에 대해서는 정말 화가 나 있었다. 이 일을 계기로 거래선의 성향 하나하나에 더 세심해야겠다는 생각을 했다.

김영란법이 없는 나라

2016년 9월부터 한국에서는 '김영란법'이 시행되어오고 있다. 이 법은 '부정 청탁 및 금품 등 수수의 금지에 관한 법률'로 2015년 3월 27일 제정·공포되었고, 제안자의 이름을 따 '김영란법'으로 불린다. 김영란법에 따르면 식사 대접은 3만 원, 선물은

5만 원, 경조사비는 10만 원까지만 허용되며, 이보다 비싼 가격의 금품이 오갈 경우 부정 청탁으로 간주된다.

그런데 독일 법인장으로 와서 보니 이 김영란법을 독일에서 가져왔음을 알게 되었다. 독일은 선물값이 30유로가 넘으면 뇌물죄로 간주한다. 이 독일의 김영란 법은 매우 철저하다. 매년 크리스마스 시즌이 되면 거래선들에게 선물을 준비하는데, 보통 오너나 CEO 급은 30유로짜리 와인, 그 밑 직급은 15~20유로짜리 와인을 준비하여 보냈다. 거래선이 나에게 줬던 선물 또한 평범한 와인이나 초콜릿 같은 것들이었다. 선물에 대해서 크게 신경 쓸 일도 없고, 오히려 부담도 없어서 개인적으로는 아주 좋은 법인 아닌가 생각이 든다.

그러나 후진국으로 갈수록 김영란법은커녕 선물이 아닌 뇌물 같은 성격의 비싼 선물을 주고받곤 했다. 특히 중동 거래선의 선물은 타의 추종을 불허한다. 당시 회사 후배였던 친구가 중동 국가에 출장을 다녀와서 받은 선물은 보통 사람들이 상상을 할 수 없을 정도의 고가품이었다. 당시 신입사원은 안 받겠다고 하니, 나의 배려를 무시하는 거냐며 정말 화를 내더라는 것이었다. 일단 가져와서 윗선에 보고를 했던 기억이 난다. 시간이 흘러, 중동 지역에 주재한 직원들은 이미 갈 때마다 몽블랑 제품을 받는다고 하여, 하도 많이 받아서 나중에는 이를 다른 사람들에게 하나씩 나누어주기도 했었다. 몽블랑 만년필이나 지갑 등은 아주 고가에 속하는 제품들인데, 이를 아무렇지가 않게 나누어주는 걸 보면 '오일 머니'가 많아서 그런가 하는 생각마저 들 때가 많다.

개인이 받은 선물은 어떻게 해야 하나?

당시에는 우리나라도 김영란법이 없었던 시절이어서, 대부분 개인들이 받은 선물들은 개인들이 그냥 가져가는 게 관례였다. 그러나 이제는 우리나라도 엄연히 김영란법이 시행 중이라 각 부처, 각 회사마다 정해진 룰에 따라 다르게 적용되지 않을까 짐작한다(사실, 외국 바이어들로부터 받은 선물들이 김영란법에 저촉이 되는지조차 모르겠지만).

그러나 그런 법률적인 이유보다는 중동 국가의 거래선들부터 고가의 선물을 받게 되면 아무래도 가격에 이익을 줄 여지를 전달하는 게 아닌가 하는 우려 때문에 요즘 회사들은 이러한 고가의 선물을 주고받는 걸 금하는 일이 많은 걸로 안다. 투명 경영, 도덕 경영이라는 이름으로 철저히 객관적이고 회사 내 규정에 따라 업무를 추진해야 하는 걸로 안다.

내 경험으로는 이러한 투명하지 못한 고가의 선물을 주고받으면 그 순간은 득이 될지 모르지만, 중장기적으로 보면 회사로서는 더 큰 손해를 볼 가능성이 매우 높다. 중동 국가뿐만 아니라, 아시아국가, 중남미 국가들도 아직은 고가의 선물 문화가 있지만, 선진국일수록 이런 선물을 주고받는 일은 철저히 금해야 한다.

그러면 중동 국가의 거래선들부터 고가의 선물을 받으면 어떻게 해야 하나? 나라면 한국의 김영란법 제정을 찬찬히 설명하며 고가의 선물을 받으면 내가 감옥에 갈 수도 있음을 어필하고, 정정당당하고 깔끔한 관계하에서만 거래선인 당신과 당당히 거래하고 싶다고 이야기하면서 설득을 시키면 좋을 것이라 생각한다. '견물생심'은 사람이라면 누구나 갖고 있는 마음이지만 "세상에 공짜 점심은 없다"는 말 또한 불변의 진리임을 안다면, 이를 잘 관리하는 것이 자기가 몸담고 있는 회사에 더 큰 이익을 제공할 뿐 아니라 본인에게도 훨씬 더 큰 이익으로 돌아온다는 것을 쉽게 이해하게 될 것이다.

기억에 남는 미국 비즈니스

뉴저지의 강자, 에스티에스(STS)

2006년 당시 모니터그룹(Monitor Group)과의 컨설팅에 따라 당사는 미국 동부 특히 북동부 지역이 취약함을 파악하고 북동부 판매 확대를 어떻게 할 것인가에 고민이 많았다. 삼성전자에서 부임한 당시 영업 총괄 부사장께서는 북동부 판매 확대를 주문하고, 이에 대한 대책으로 북동부 지역에 거점을 마련하라고 지시했다. 당시 북미 본부장님과 본사 영업 총괄께서는 LA의 북미 본부 마케팅에서 근무하고 있던 나를 그 거점의 책임자로 결정하고 사무소장으로 발령을 냈다.

그러나 그 뉴욕사무소장 자리는 나보다 고참이 더 가고 싶어 한데다가 나는 그냥 LA에서 살고 싶어서 속으로는 그다지 반기지 않았다. 그런데 북미 본부장께서는 나를 부르더니 내가 영업 무기이니 현지 영업 사원들과 잘 협력하여 판매를 확대하라고 하였다. 어찌 되었든 나를 신임해주신 본부장님의 은혜에 보답고자 나는 그곳으로 발령을 받은 후 내가 책임을 맡게 될 북동부 주(메인주, 버몬트주, 뉴햄프셔주, 매사추세츠주, 코네티컷주, 로드아일랜드주, 뉴욕주, 뉴저지주, 펜실베니아주, 워싱턴 DC, 버지니아주, 메릴랜드주)에 대해서 열심히 공부하였다.

사무실은 뉴저지주 버겐 카운티의 포트리(Fort Lee)로 확정하고, 먼저 거점이 있는 뉴저지주의 타이어 유통에 대해서 정보를 득하였다. 뉴저지주에서는 에스티에스(STS)라는 프랜차이즈 타이어 스토어가 최강자였다. 그래서 어떻게 해서든지 이 업체와 거래를 개시해야겠다고 마음먹고, 에스티에스(STS) 본사가 있는 중부 뉴저지를 방문하였다. 물론 사전에 연락을 했었는데, 당시 구매 담당은 우리와 거래 계획이 없다고 일언지하에 거절을 해서 당황했다. 그래서 그 근처 타 업체 방문 때와 맞춰 찾아갔지만, 상대편은 여전히 나를 만날 계획이 없다는 것이었다. 정말 당황스러웠다. 그래서 첫 번째 방문 때에는 판촉물 하나를 프런트 데스크에 두고 구매 담당자에게 전달해달라고 하고 돌아섰다.

알고 보니 이미 에스티에스(STS)는 같은 티어 제품군을 보유하고 있었기에 굳이 당사 제품을 구매할 필요가 없었던 것이다. 그럼에도 나는 그 근처에 방문할 기회가 있으면 꼭 잠시 들러 그 구매 담당자에게 전달해주라고 당사가 제작한 판촉물을 두고 왔다. 모자, 티셔츠, 골프볼, 재킷, 가방, 우산 등 당사가 제작한 각각 다른 판촉물을 내 명함과 함께 놔두고 오길 여러 차례…, 드디어 나에게 연락이 왔다. 한번 만나자고. 물론, 만나서 거래가 될지는 모르지만, 일단 만날 기회를 주었다는 것에 감사를 하며, 철저한 준비를 한 후 영업 사원과 함께 첫 미팅을 하게 되었다.

그 미팅에서 내 예상과 같이 당사 제품과 티어가 같은 경쟁사 제품군이 있어서 구매가 쉽지 않다는 이야기였으며, 내 정성 때문에 한번 보자고 한 것이었다. 이미 어느 정도 예상을 한 상황이지만, 나는 왜 에스티에스(STS)가 우리 제품을 구매해야 하는 이유를 설명했다. 당사는 미국 내 포드, 현대자동차, 기아자동차, 폭스바겐 등 OE(자동차 구매 시 취부되는 타이어) 차량에 취부가 되므로 그 리바운드 수요가 많을 것이니, 그쪽 제품 라인부터 거래를 시작하자고 했다. 내 설명을 들어보니 매우 설득력이 있어서인지 구매 담당은 그 미팅 후에 첫 오더를 주었다. 그렇게 거점을 마련하고 첫 번째 신규 거래선을 튼 것이다. 이후 나도 신규 거래에 대한 자신감이 생기게 된 첫 번째 거래였다.

펜실베이니아의 강자, 잭 윌리엄스

미국은 한 국가이지만 50개 주의 각기 다른 나라이기도 하다. 각 주법도 다르고 사업 환경도 다르다. 뉴저지주 에스티에스(STS)와의 신규 거래로 다음으로는 인근 펜실베니아주의 강자, 잭 윌리엄스(Jack Williams)라는 타이어 업체가 나의 공략 대상이었다. 회사 이름이 창업주의 이름인데, 오히려 뉴저지의 에스티에스(STS)보다는 공략이 좀 더 쉬울 듯 보였다.

일단 연락을 하여 방문을 하겠다고 하니 흔쾌히 수락을 하였다. 뭔가 쉽게 잘 될 것 같은 예감이 들었다. 담당 지역의 영업 사원과 철저한 준비를 하고 첫 번째 미팅에 참석하였다. 에스티에스(STS)와는 다르게 어쩌면 우리를 기다리고 있었던 것 같았다. 그쪽도 자기네의 물류 시스템의 장점, 마케팅의 활약상 등을 설명하며 굉장히 적극적이었다. 그리고 몇 주 후 주말에 자기네 창고에서 소매상 대상 전시회가 있는데 참석해 줄 수 있느냐는 부탁을 해왔다. 당연히, 참석했다. 이후 당사에 대한 소매상들의 반응이 좋다며 본격적인 거래 개시가 되었다. 추후로 잭 윌리엄스는 내가 뉴욕 사무소장으로 근무하는 내내 나에게는 효자 노릇을 하는 거래처가 되었다.

자랑스러운, 뉴욕 맨해튼 옐로캡 납품

미국 뉴욕주는 상당히 크다. 뉴욕 하면 우리나라 사람들은 뉴욕시 내의 맨해튼만을 생각한다.

뉴욕주는 캐나다와 접경 지역까지 펼쳐져 있는데, 당시 내가 살고 있던 뉴저지 버겐 카운티 크레스킬(Cresskill)에서 뉴욕 북부 버팔로까지 차로 가려면 쉬지 않고 6시간 30분이나 걸린다. 이쪽 지역은 워낙 영업 사원이 영업을 잘해서, 던 타이어(Dunn Tire)라는 훌륭한 거래선과 거래를 하고 있어서 별로 걱정이 없었다. 그런데 정작 거점에서 가까운 뉴욕시 맨해튼은 당사 제품을 파는 곳을 찾기가 어려웠다. 매주 주말이면 가족과 함께 뉴욕 맨해튼에 놀러 가곤 했었는데, 문득 맨해튼의 명물인 '옐로캡(Yellow Cap)'에 당사 제품을 판매하면 대박이겠다는 생각이 들었다. 그래서 어떻게 하면 여기에 납품할까 고민하고 서치를 하던 중 옐로캡에 납품하는 거래처가 있다는 정보를 알게 되었다. 그래서 그 업체를 찾아가서 어떻게 하면 우리 제품을 옐로캡에 납품할 수 있겠는지 물었다. 일종의 협상을 제안한 것이다. 당시 옐로캡은 일본 회사 제품을 납품받고 있었다.

옐로캡 쪽에서는 원하는 조건이 많이 있었다. 그러나 그다지 어려운 조건은 아니라는 판단이 들었다. 게다가 세계의 수도인 뉴욕 맨해튼에 돌아다니는 택시인 옐로캡에 당사 제품이 취부되어 달리고 있다는 것만으로도 엄청난 홍보 효과가 될 듯했다. 결국 나는 그 일을 성사시켰고, 내가 뉴욕 사무소장으로 근무하는 동안 뉴욕 맨해튼 옐로캡에는 당사 제품이 취부되어 달리고 있었다. 21여 년의 주재원 생활 중에 이 납품이 나에게는 가장 기억에 남는 딜이었다. 당시 미주 중앙일보 기사에도 관련 기사가 나올 만큼 커다란 일이었다. 이후 나는 신규 거래에 부쩍 자신감을 갖게 되었고, 이후 멕시코, 독일에서의 생활에서도 신규 거래는 나의 주특기가 되었다.

6장

성공적인 해외 진출, 여기서 답을 찾다

미국 텍사스 오스틴에 공장을 설립해 'Made in USA' 반도체를 운영 중인 삼성전자

대한민국 최고의 글로벌 기업 삼성전자

우리나라의 최고 기업이라 하면 누구나 주저 없이 삼성전자를 꼽는다. 다 알다시피, 삼성 그룹은 우리나라 매출액 1위이며, 그 가운데 삼성전자는 으뜸인 회사이다. 가전으로 시작하였지만, 이동전화와 반도체로 급성장을 이루었다. 삼성이라는 브랜드는 'Korea'라는 브랜드보다도 더 많이 알려졌을 만큼 우리나라 글로벌 기업의 대명사와도 같다.

이러한 삼성전자도 일찍이 해외에 공장을 설립하여 운영 중에 있다. 삼성전자는 미국뿐만 아니라 중남미(브라질), 아시아(중국, 인도, 베트남, 태국 등), 아프리카(이집트) 등 웬만한 대륙에 생산 기지를 운영 중이다.

일찍이 미국으로 진출한 삼성

삼성은 1997년에 미국 텍사스주 주도인 오스틴이라는 도시에 반도체 공장을 설립하였다. 설립 당시에는 메모리 반도체가 주력이었지만, 2011년부턴 12인치 웨이퍼에서 10나노(nm)대 시스템 반도체를 생산하고 있다. 2014년엔 14나노 핀펫(FinFet) 공정을 세계 최초로 도입해 '애플 A9 칩셋'을 양산 중이다.

이 당시에 나는 '왜 굳이 한국에 있는 주력 반도체 공장을 해외로 이전을 할까?'라는 의문이 들었다. 그런데 지금 와서 보니, 위험을 분산한다는 측면에서 생산 기지 이전이 가져다 준 장점과, 또 최근의 '지역 블록화 현상'을 보면 삼성의 대처가 무척이나 발 빠르면서도 현명한 선택이었다는 생각이 든다.

내가 멕시코에 주재할 때, 멕시코시티에서 차를 몰고 미국 텍사스 오스틴까지 가족과 다녀온 적이 있었다. 당시 오스틴에서 느꼈던 것은 '삼성의 영향력'이었다. 오스틴 시내는 물론이고 인근 지역에 삼성 거리가 조성되어 있었고, 오스틴에 위치한 삼성 공장의 규모도 만만치 않았다. 정말 삼성이라는 기업의 저력을 느낄 수 있는 여행이었다.

미중 패권 전쟁의 틈바구니, 삼성 반도체

혹자는 지금 미국과 중국이 벌이고 있는 패권 전쟁 때문에 삼성 반도체가 더 어려워지는 건 아닌가 점치기도 한다. 물론, 맞는 말일 수도 있다. 그것은 중국에 설립한 삼성의 반도체 공장에서 중국 기업들에게 공급을 못 하게 될 수도 있기에 그렇고, 또 미국 정부가 미국에 진출한 삼성 반도체 공정 등 관련 정보를 손아귀에 넣으려는 시도 때문에도 그렇다.

나는 처음부터 삼성이 왜 중국에 반도체 공장을 설립을 했을까 하는 의구심이 든다. 중국이라는 나라는 언제라도 변심할 수 있는 나라인데, 그곳(중국)에 모든 산업의 쌀이라고 할 수 있는 반도체 공장을 지은 것은 너무나 위험한 일이 아니었나 생각하기 때문이다. 이는 삼성 반도체뿐만 아니라 SK하이닉스도 마찬가지라 본다. 오히려 삼성은 중국의 공장들을 미국과 한국으로 점차 이전함으로써 안정적인 판매망을 유지하는 것이 더 나으리라 본다.

물론, 현재 미국이 다소 말도 안 되는 요구 사항, 즉 미국 정부가 보조금 신청 조건으로 반도체 시설 접근 허용, 예상 초과 이익 공유 등 말도 안 되는 조항을 내걸고 있지만, 결국 한미일 안보동맹이라는 큰 그림에서 잘 합의가 될 것으로 생각한다. 물론, 이러한 점도 고려하여 삼성과 한국 정부는 경기도 용인에 세계 최대 규모의 "첨단 시스템 반도체 클러스터"를 짓겠다고 발표

하고, 국회에서는 대기업의 반도체 시설 투자 세액 공제를 15%까지 상향하는 데 합의하는 등 기존 약점들을 빠르게 보완 중이다.

삼성 반도체의 해외 진출은 정부가 나설 만큼 국가적인 중대 이슈가 되었다. 최근에는 독일의 대통령도 삼성 이재용 회장을 방문하여, 삼성의 반도체 공장을 독일에 지어달라고 요청했다는 기사도 나왔다. 반도체는 향후 모든 산업에 없어서는 안 될 중요한 부품이기에, 주요 국가에서 서로 반도체 공장을 유치하려는 열기가 뜨겁다. 이러한 미국과 중국의 틈바구니에서 삼성은 해외 공장을 어떻게 운영하는 것이 가장 효율적인지 무척 고민이 많을 듯싶다.

미국으로 생산을 확대해야 하는 삼성 반도체

최근의 세계 정세를 보노라면, 정말 한 치 앞을 내다 볼 수가 없을 정도이다. 갑자기 러시아가 우크라이나를 침공하지 않나(미국은 러시아군의 움직임으로 우크라이나 침공을 예상했지만), 중국은 대만을 침공하겠다고 공언을 하지 않나, 지금 세계는 어디로 가고 있는지 혼란스럽다. 뜻하지 않은 코로나 상황으로 지난 3년간 마음대로 이동할 수 없었고, 자영업자들과 기업들을 지원코자 돈을 뿌린 대가로 전 세계는 인플레이션으로 인한 어려움을 겪고 있다.

미국과 중국의 패권 전쟁은 우리나라의 국보 기업인 삼성전자로까지 불똥이 튄 상황이다. 우리의 우방인 미국은 삼성전자 및 SK하이닉스에게 중국 기업에 반도체를 공급하지 말라고 아예 노골적으로 이야기를 하고 있고, 거기에다가 중국에 있는 반도체 공장들을 미국으로 이전하라고까지 요구하고 있는 상황이다. 미국은 중국 기업에 반도체를 공급하면 삼성에 불이익을 주겠다고 하고 있고, 삼성으로서는 진퇴양난에 빠져 있는 듯하다.

그러나 내가 생각하기에는 단기적인 매출 감소(중국 기업 납품 감소)가 있을지라도 중국 반도체 생산을 점차 감산하고 이를 한국이나 일부 미국으로 이전하는 것이 좋을 것으로 판단된다. 사드 배치 문제로 롯데나 신세계 이마트가 당한 일을 보자. 삼성이라고 한순간에 당하지 말라는 법은 없다. 생산 기지의 이전은 대기업의 홍망도 결정할 수 있는 아주 중요한 문제가 되었다.

현지 공장을 지어 관세와 딜리버리 두 마리 토끼를 잡은 한국타이어

일찍이 유럽으로 진출한 한국타이어

오랫동안 몸담았던 직장의 경쟁사였던 한국타이어. 내가 입사할 당시만 해도 금호타이어와 한국타이어는 규모 면에서도 큰 차이가 없었고, 매년 매출이 엎치락뒤치락할 정도로 용호상박이었던 회사였다. 단 하나 차이점은 내가 몸담고 있던 회사는 그룹사 중의 여러 계열사 중 하나였고, 한국타이어는 단일 회사였다(지금은 자회사로 조그만 여러 회사가 있는 걸로 안다). 그러다 보니 내가 몸 담았던 회사는 수익이 나면 기타 여러 회사들을 돕는 역할을 많이 했고, 결정적으로 2007년도에 몸집이 큰 두 회사를 인수하는 데 많은 자금을 지원했었다.

그렇게 하다 보니 정작 자기 회사의 투자는 경쟁사 대비 미치지 못했고, 그때부터 매출이 차이가 나기 시작했다. 그러나 결정적인 건, 한국타이어가 일찍이 유럽 헝가리에 공장을 짓고, 가동이 제대로 돌아가기 시작한 2008년 이후부터였다. 매출이 비슷했던 금호와 한국은 북미 시장은 금호가 조금 앞서고, 유럽은 한국이 조금 앞서는 형국이었는데, 한국타이어의 헝가리 공장이 2008년부터 양산이 된 이후, 유럽에서의 격차는 지속적으로 벌어졌다.

당시 프리미엄 자동차 생산 공장은 거의 유럽에 있었다. 한국은 이를 적절히 공략하여 금호와의 차이를 조금씩 조금씩 벌려 나갔다. 가랑비에 옷 젖는다는 속담과 같이 매년 조금씩 조금씩 벌어졌던 격차는 이후 더이상 좁힐 수가 없게 되었다.

Made in Europe

북미나 유럽 선진 시장은 원산지에 대해 중동이나 중남미 거래선처럼 까다롭지는 않으나, 그럼에도 한국타이어가 유럽 헝가리에 공장이 있다는 것 자체만으로 커다란 이점으로 작용되었다. 메르세데스벤츠 BMW, VW, 포르쉐, Volvo 등 내로라하는 탑 티어 자동차 회사들의 공장은 대부분 유럽 내에 위치해 있으니, 헝가리 공장에서 유럽 내 자동차 회사들의 OE 차량(자동차와 함께 부착되는 타이어) 납품에 월등한 유리한 조건을 갖고 있었던 것이다. 생산 기지 진출에 대한 의사 결정은 이처럼 엄청난 매출액의 차이로 돌아오게 되었다.

나는 한국타이어가 지금의 위상을 가져온 것은 발 빠른 유럽 헝가리 공장 설립과 미국 포드(Ford) 등 해외 자동차의 OE 납품이라 생각한다. 한국타이어는 헝가리 공장을 보유함으로써 유럽 브랜드라는 이미지를 각인시키기 위해 홍보를 했고, 또 어느 정도 이것이 먹혀들었다고 본다. 이후, 3위의 후발 주자인 넥센타이어는 한국타이어의 이런 유럽 투자를 벤처마킹하여 최근 유럽 내 체코에 공장 설립을 완료한 바 있다.

Made in USA

유럽의 헝가리 공장에서 재미를 본 한국타이어는 이번에는 북미 시장을 공략하기 위해 미국의 테네시로 들어간다. 미국 공장 진출은 경쟁사였던 금호보다는 다소 늦었지만, 금호의 경우는 미국 공장이 RE 공급(일반 소비자 판매 대상)이 아니라 OE 공급(자동차 회사 납품)이 목적이었다. 한국타이어는 OE와 RE 모두 납품할 수 있는 제품을 만드는 생산 공장을 테네시에 짓고, 미주 본부가 있던 미국 동부 웨인(Wayne)의 본부도 테네시로 이전하였다.

한국타이어는 미국 진출 전에 이미 중국에도 생산 기지를 설립했다. 중국 진출 이후 미국까지 진출하는 저력을 보인 셈이다. 이후 한국타이어는 아시아국가 중 인구 대국 중 하나인 인도네시아로까지 생산 공장을 짓게 되었는데, 이 역시 지나고 보니 신의 한 수였다는 생각이 들 정도의 탁월한 전략이었다고 생각한다. 한국타이어는 이처럼 적절한 시기, 적합한 장소에 생산 기지를 진출함으로써 타사와의 경쟁력 확보에서 우위를 선점할 수 있었다.

Made in 인도네시아

나는 한국타이어가 인도네시아에 공장을 지은 정확한 이유는 잘 몰랐다. 다만 인도네시아 시장 자체가 급성장하고 있는 시장이고 인구 대국인 나라라는 점, 그리고 거기에 공장을 지었기에 현대자동차에 안정적인 OE 납품(자동차에 취부되는 타이어)이 있었을 것으로 판단한다.

그런데 이런 전략이 트럼프 행정부 때 크게 성과를 낸 적이 있다. 미중 패권 전쟁이 한창일 때, 당시 트럼프 대통령은 중국 제품이 미국에 너무 낮은 관세로 들어온다는 것을 빌미 삼아 본보기로 중국산 타이어에 덤핑 관세를 부과했다. 그런데 중국에만 덤핑 관세를 부여하는 게 불합리해 보일까 봐서인지, 인근 한국을 비롯한 대만산, 필리핀산, 베트남산까지 덤핑 관세를 부과하고 말았다.

한국타이어의 경쟁업체인 금호는 한국, 중국, 베트남에 생산 공장이 있는 관계로 전부 미국의 덤핑 관세에 일격을 당했지만, 한국타이어는 인도네시아와 헝가리에 생산 공장이 있었던 관계로 한국 및 중국에서 미국으로 수출을 하지 않고 유럽의 헝가리와 인도네시아에서 생산한 제품들을 미국에 수출할 수 있었고. 이 덕분에 미중 덤핑 전쟁에도 전혀 손실 없이 미국 판매를 이어올 수 있었다.

한국타이어는 현재 한국, 중국, 헝가리, 인도네시아, 미국 등 총 다섯 나라에 생산 기지를 운영하고 있다. 글로벌하게 생산 기지와 판매 법인을 운영하는 덕분에, 한국타이어의 매출은 현재도 지속적으로 확대되고 있다.

모자 하나로 중소기업에서 중견기업 반열로 올라선 영안모자

사양산업 모자 산업?

모자, 섬유, 신발 산업 하면 딱 오르는 게 뭘까? 노동 집약적 산업들이라 이미 사양산업이라는 생각이 먼저 들 것이다. 과연 사양산업들일까? 물론 수요 전체가 감소하면 사양산업이라 할 수 있지만, 모자나 옷, 신발 등은 오히려 소득이 높아지면 한 사람이 한 개 이상을 소유하고 싶어 하는 품목들이 아닐까 생각한다. 그래서 "사양 기업은 있으나, 사양산업은 없다"라는 말도 있긴 하지만, 최소한 이 세 가지 산업에 대해서는 사양산업은 아닌 듯하다.

일찍이 해외로 진출하여 성공을 거둔 회사가 있다. 영안모자라고 한 번쯤은 들어보신 분들이 많으리라 생각된다. 1959년 이북에서 피난 나온 전쟁고아 출신인 백성학 회장님이 세운 영안모자…. 영안모자야말로 내가 주장하는, 일찍이 해외로 진출하여 대성공을 거둔 대표적인 중견기업이다.

역시 사양 기업은 있어도 사양산업은 없다

1959년에 청계천에서 오픈한 영안모자는 모자 하나로 연간 매출액 1천 6백억 원을 달성하는 신화를 이루었다. 모자뿐만 아니라, 이 기업이 인수한 기타 자 회사의 매출을 포함하면 대기업 반열에 있다고 할 수 있다. 어떻게 이런 매출이 가능할까?

앞에서도 말했듯 모자는 사람들의 손작업이 많이 가야 하는 노동 집약적 산업이다. 1988년 노태우 정권이 들어선 이후 민주화 물결로 인한 노동자들의 제 몫 찾기가 심화되면서, 인건비가 가파르게 상승했었다. 그런데 영안모자의 백성학 회장은 1982년부터 이러한 상황을 예견했는지 한국의 공장을 해외로 이전하기 시작하여 1991년에 이전을 완료하였다.

현재 영안모자는 캐나다 1곳, 미국 3곳, 멕시코 2곳, 중국 2곳, 스리랑카 2곳, 방글라데시 2곳, 베트남 1곳 등 총 13개의 해외 현지 생산 공장을 운영 중이며, 총 14곳의 판매 법인도 운영하고 있다. 명실상부한 '글로벌 기업'이라 할 만하다. 현재 영안모자는 모자 시장 점유율(Market Share) 부분에서 독보적인 전 세계 1위 업체이다.

우리나라 기업 중에 전 세계에서 점유율 1위를 하는 제조업체가 과연 얼마나 될까? 삼성전자 반도체도 대만의 TSMC에게 반도체 매출 1위 자리를 2022년에 내줬다. 시장 점유율 1위라는 건 어마어마한 성과이자 결과다.

방글라데시와 스리랑카로 일찍이 진출한 영안모자

나는 영안모자의 성공은 남들보다 발 빠른 해외 진출에서 기인한다고 본다. 만약 영안모자가 스리랑카와 방글라데시에 일찍이 진출하지 않았다면 지금과 같은 시장 점유율을 유지하고 있었을까? 영안모자는 직접 자사 브랜드로도 판매하지만, 소위 OEM 방식으로 판매되고 있는 유명 브랜드의 모자들은 대부분 영안모자에서 만든 거라 보면 된다. 예를 들면, 나이키나 유명 골프사들이 판매하고 있는 모자들 대부분이 영안모자에서 OEM 방식으로 공급하고 있는 제품들이다. 나는 멕시코에서 모자 하나만을 수입하여 멕시코 전역에 판매하는 한인분을 알고 있는데, 이분도 모자 한 품목으로 엄청난 부를 일구었다.

이렇듯 모자라는 품목 하나로 수천억 원의 매출을 이루는 걸 보면 경이롭다. 영안모자의 해외 생산 공장이 13곳이 되는데, 첫 해외 공장 진출이 어렵지 두 번째부터는 해외 공장 설립 노하우가 있으니 13곳까지 늘릴 수 있었으리라. 또 후진국뿐만 아니라, 미국과 캐나다에도 생산 공장을 만들어 고급화 전략에도 성공을 거두었다.

모자 사업으로 대우 버스를 인수하다

영안모자는 모자 판매로 안정을 이루고 난 뒤, IMF로 무너진 대우자동차의 버스 사업 분야를 인수했다. 내가 영안모자라는 회사를 처음 알게 된 계기가 바로 영안모자의 대우 버스 인수 기사였다. 모자 만들어 판매하는 회사가 대우의 버스 회사를 인수하다니? 그때부터 영안모자에 대해 스터디를 하게 되었고, 알면 알수록 멋진 회사라는 생각에 크게 매료되었던 기억이 있다.

이후 영안모자는 지게차 사업, 목장 사업, 교육 사업(숭의학원 인수), 그리고 방송 사업(OBS 인수) 등으로 사업을 다각화하는 등 점차 중소기업에서 중견기업, 대기업 반열로 올라서고 있다. 영안모자야말로 내가 꿈꾸던 우리나라의 중소기업들의 해외 진출 롤 모델 기업이다.

우리나라에는 수많은 제조업 중소기업들이 많이 있다. 기술력은 충분하나 기타 여러 이유로 성장이 정체하고 있는 회사들이 많이 있는 것으로 안다. 영안모자처럼 과감히 해외로 진출하자. 영안모자와 같이 크고 넓게 성장할 수 있으리라 확신한다.

빠른 판매 법인 설립으로 경쟁사보다 앞서나가는 세라젬

세라젬 vs B사

독일에 근무할 당시 나는 독일에 진출한 기업들의 모임에 자주 참석했다. 지상사 골프 모임에 나가면 많은 분들이 참석하는 회사가 있는데, 바로 '세라젬'이라는 회사였다. 처음에는 이 회사가 어떤 회사인지 잘 몰랐다. 당시에는 내가 팔아야 하는 제품에만 관심이 있었지 다른 회사에는 별 관심이 없었다.

세라젬이라는 회사를 알게 된 건 우연히 골프 모임에서 세라젬 직원분들과 같이 골프를 치면서, 독일 세라젬의 판매 법인과 매출을 대략 알게 되면서부터였다. 세라젬은 의료기기, 휴식기기, 청정가전, 뉴트리션, 코스메틱 등의 제품군을 판매하는 회사인데, 유럽에서는 의료기기와 휴식(안마)기기 매출이 가장 크다고 한다. 유럽과 같이 의료기기가 선진국인 나라에 한국의 중소기업인 세라젬이 진출하여 판매하는 것도 신기했지만, 그럼에도 매출이 꽤 좋다고 하니 그것도 나에게는 신선한 충격이었다.

나는 안마기 하면 한국의 B사가 떠오를 정도로 B사가 안마기기 대표 회사일 거라 생각했는데, 시장이 가장 큰 독일에조차 B사의 판매 법인이나 지사/연락 사무소가 없어서 의아했다. 반면에 세라젬은 전 세계 70여 개국에 진출해 있고, 전 세계적으로 지점만 2,500여 개, 판매 법인/지사/사무소 형태로는 아태지역에 23곳, 유럽은 17곳, 북미 2곳, 중남미 11곳, 아프리카 11곳, CIS 5곳 등 총 69곳의 해외 거점에 판매 법인/지사/사무소 형태를 운영하고 있어 그 규모 면에서도 내가 알던 B사와는 비교가 되지 않았다.

뒤늦은 진출은 비용이 더 든다

내가 귀국하기 얼마 전 예전 직장 선배 중 한 분이 세라젬의 경쟁사인 B사에 취업이 되어 갔던 모양이다. 갑자기 나에게 연락이 와서, 독일을 비롯한 유럽 내의 안마 시장과 또 경쟁업체인

세라젬에 대해 아는 게 있냐고 물어왔다. 요지는 유럽 시장을 비롯한 북미 중남미, 아프리카, 아시아 등 해외 판매를 좀 확대해 보려고 하는데 아는 정보가 없어서 나에게 도움을 요청한 것이었다. 선배는 내게 이런저런 정보를 찾아봐 달라고 했다.

나는 세라젬의 홈페이지만 들어가 봐도 왜 세라젬의 해외 판매가 좋은지 알 수 있다고 말씀드렸다. 세라젬은 해외에 생산 기지가 없지만, 꼼꼼한 해외 판매 네트워크를 보유하고 있었다. B사와는 차이가 날 수밖에 없는 구조였다. 해외에 생산 기지를 운영하지 않지만, 69개나 되는 글로벌 해외 판매망 보유와 그 밑으로 대리점들이 2,500여 개나 있으니, 안정적인 판매를 할 수밖에 없는 구조였다.

B사는 늦었지만 지금이라도 내수 시장에서 벗어나 커다란 시장인 해외 시장으로 눈을 돌려야 한다. 늦으면 늦을수록 비용이 더 들 것이다.

독일을 유럽 판매의 전초 기지로 선택한 세라젬

세라젬은 내가 독일에 있을 때는 한국에서 파견 나온 법인장 한 분을 제외하고 나머지는 다 독일 현지인 위주로 직원들이 구성되어 있었다. 그렇기에 인건비 측면에서 매우 효율적으로 운영되고 있음을 느꼈다. 독일은 유럽의 본부로서 루마니아, 헝가리, 체코, 슬로바키아, 그리스, 이탈리아, 스페인, 폴란드 리투아니아, 세르비아, 마케도니아, 코소보, 터키, 오스트리아, 프랑스, 영국 등 지사/연락 사무소를 관할하고 있다. 판단컨대, 독일을 제외하고는 모두 현지인을 고용함으로써 여러 비용 측면에서도 절감을 하면서 촘촘한 판매 네트워크를 잘 유지하고 있는 듯하다. 그렇기에 경쟁사와 비교를 할 수 없기에 판매 면에서 월등한 위치에 있다고 생각된다.

경쟁업체들이 세라젬을 벤치마킹한다

B사에 다니는 전 직장 선배는 노골적으로 세라젬 독일 조직에 대해서 파악해달라고 부탁을 하였다. 그러나 나는 완곡히 거절하였다. 그런 아무런 노력 없이 중요한 정보를 취득하려는 것에 대해 좀 언짢은 부분도 있었고, 내가 갑자기 뜬금없이 세라젬 조직과 인원에 대해 물어보는 것도 상도의에 맞지 않는다고 생각했기 때문이다.

난 이미 말한 조언, 경쟁업체 홈페이지를 찬찬히 보면 왜 세라젬이 B사보다 판매가 월등한지 알 수 있을 것이라고만 언급했다. 내가 내린 세라젬과 B사의 차이는 세라젬이 한 발 더 빠르게 해외로 진출을 꾀한 데 있다. 생산 기지는 아니지만 판매법인/지사/연락 사무소를 해외로 진출하여 판매망을 먼저 잡았던 것이 필승 전략이 되었다.

해외에 오래 있다 보면, 해외에서 판매를 잘하는 회사들은 다 공통점이 있음을 알 수 있다. 누구보다 먼저 앞서서 해외에 진출해 시장에 뿌리를 내리고 터를 잡는다는 것이다. 부디 발 빠른 해외 진출로 매출과 이익 두 마리 토끼를 잡기 바란다.

싼 임금, 풍부한 노동력, 낮은 세금, 근거리의 장점을 얻는 동남아 생산기지로 진출하자

늦은 해외 진출에 대한 후회

어제는 천안에 공장이 소재하는 현대자동차의 2차 벤더 회사 분들과 미팅이 있었다. 연간 매출이 750억 원이나 되니, 결코 규모가 작은 회사는 아니었다. 그 관계자분들도 베트남에 공장이 하나 있는데, 더 일찍 해외로 진출하지 않은 걸 후회한다고 했다. 그 회사가 생산하는 제품들이 노동자들의 일손이 많이 가는 제품들이라, 도저히 우리나라의 값비싼 노동비를 감당하기가 쉽지 않았다고 한다.

해외 진출에 대한 당위성은 알지만, 자금 사정, 또 해외 진출에 대한 두려움 등으로 결정을 하지 못하는 분들이 많다. 늦었다고 생각할 때가 가장 빠를 수도 있다. 보다 적극적으로 해외 진출을 모색할 때 좋은 기회가 같이 온다는 것을 명심해야 한다.

지속적으로 변하는 생산 여건에 주목하라

2005년 이후 우리나라 기업들은 중국의 개방으로 중국으로 중국으로 많은 기업들이 진출했다. 삼성전자뿐만 아니라 현대자동차, LG전자, 한국타이어, 금호타이어 등 대기업뿐만 아니라 그 대기업들의 1차 벤더 회사들도 많이 진출했고, 또, 독립적인 중견/중소 기업들도 많이 중국으로 진출했다.

그런데 최근의 미국과 중국의 패권 전쟁에 따른 지역의 블록화, 한국, 미국, 일본의 안보동맹에 따른 중국의 반발, 중국의 인건비 상승 등으로 중국의 생산 기지 장점들이 점차 사라지고 있다. 발 빠른 기업들은 중국에서 베트남으로 생산 기지를 옮겼거나 옮기고 있고, 또 베트남도 인건비 상승이 일어나니 더 싼 인근의 캄보디아, 미얀마 등으로 옮기고 있다. 기업들은 이익을 최대화하기 위해서는 판매가를 높이고 원가를 줄이는 작업을 지속적으로 해야만 하기에 보다 저렴한 원가를 찾아다닐 수밖에 없을 것이다.

아프리카도 염두에 둬라

우리나라의 영산 글로넷은 유럽 오스트리아 비엔나에서 설립된 회사이다. 오너인 박종범 회장은 기아자동차 오스트리아 법인장으로 재직 중에 IMF를 맞아서 현지에서 퇴직을 하고 창업을 해서 커다란 기업군을 일구었는데, 이 기업도 다양한 국가의 해외 진출 성공에 따르는 결과라고 본다.

우리나라 사람들은 아프리카라고 하면 뜨거운 날씨, 사하라 사막, 한국과 멀리 떨어진 지역 등으로 긍정적인 측면보다 부정적인 측면이 더 많은 대륙으로 기억하는 편이다. 그러나 이 영산 글로넷은 아프리카에 생산 기지를 진출함으로써 성공적인 기업 운영을 하고 있다. 모잠비크, 알제리, 남아공, 코트디부아르에 판매 법인 및 생산 기지를 운영하며 아프리카 시장을 공략하고, 또 아프리카의 저렴한 인건비로 생산한 제품들을 세계 각 나라 및 자동차 공장에 납품 중에 있다. 앞으로 남은 미래의 시장은 아프리카라고 많은 분들이 이야기한다. 이것이 우리가 아프리카 시장을 유심히 봐야 할 이유이다.

해외 진출이 처음인 기업은 그래도 동남아가 낫다

지금도 해외 진출을 고민하는 중소기업 사장님들이 많다. 판매 법인/지사/연락 사무소 진출은 커다란 고민 없이 마음만 먹으면 몇 달 내에도 진행할 수 있다. 그러나 생산 기지 진출은 따져볼 것들 것 많다. 나의 회사 경험과 그리고 많은 중소기업 관련 사장님들, 관련 공공 기관에 근무하는 분들을 만나면서 파악한 건, 그래도 동남아국가 가장 낫지 않나 하는 것이다. 값싼 인건비, 풍부한 노동력, 그리고 각 나라의 내수 시장의 성장, 그리고 기업을 운영하면서 드는 세금의 저렴함, 그리고 무엇보다도 한국 본사와의 지근 거리…. 수시로 한국의 경영진들이 해외 공장을 자주 방문할 필요도 많기에 내가 중소기업을 운영하는 사장이라면 비행기로 3 ~5시간 거리인 동남아 국가가 여러모로 장점들이 많음을 잊지 말자.

• 에필로그 •

언제나 나를 격려하고 응원해 주는 분들에게
뜨거운 감사의 말을 전하며…

나는 글재주가 없는 사람이다. 그런데 내 나이 30대 때부터 언젠가 내 이름으로 된 책 한 권을 내고 싶다는 마음을 갖고 있었는데, 그 소망을 이룬 듯하여 너무 기쁘다. 이 책을 내기까지 가장 힘이 되어준 사람은 아내이다. 아내는 우리가 해외 주재원 초창기 시절인 호주 시드니에 주재할 때, 코트라에서 주최한 해외주재원(가족) 및 해외교민을 대상으로 한 수필 공모전에서 장려상을 탄 '필력(?)'을 자랑한다. 그때 아내의 수상을 축하하면서 나도 언젠가 나의 경험을 책으로 내고 싶다는 조그만 간절함이 있었는데, 그 간절함이 이루어진 것 같아 정말 기쁘다.

늘 해외에 있던 장남을 위해 기도해주시던 어머니와 아버지, 그리고 사위를 위해 기도와 좋은 말씀을 해주신 장인어른, 장모님에게 이 자리를 빌려 감사의 말씀을 전한다.

독일에 있을 때 참 힘든 시기도 있었지만, 두 딸들이 공부를 열심히 해줘서 원하는 대학에 입학해준 것도 아빠로서 너무 감사하다(물론 대학 입학이 인생의 전부가 아니라는 걸 알지만, 그래도 원하는 대학 입학은 기쁜 일이다).

미국 보스턴에 있는 큰딸과 샌프란시스코에 있는 작은 딸까지…… 가족은 늘 나의 힘이 되어주었다. 이 자리를 빌려, 온 가족들에게 다시 한번 감사의 마음을 전한다. 그리고 독일에 있을 때부터 맺어온 인연, 안드레아회 회원분들, 독일의 와인동호회 회원분들, 나를 아껴주시던 전 회사의 선배님들, 학교 및 고향 인천 선후배님들과 동기들에게도 감사의 마음을 전한다. 더불어 2010년부터 인연을 맺어온 많은 '페친(페이스북 친구)'들, 언제나 나를 격려해주고 응원해주는 그들에게도 뜨거운 감사의 말을 전한다.

– 염호석

북큐레이션 • 당신의 비즈니스를 새롭게 바꿀 라온북 추천 실용도서

《글로벌 러시, 해외 진출이 답이다》와 읽으면 좋은 책. 경기침체와 불황을 극복하고 성장 동력을 찾아내는 원동력이 되는 라온북의 도서를 소개합니다.

300% 질문 경영

박병무 지음 | 13,500원

생존을 위해 300% 성장하는 경영의 핵심 노하우가 실린 실전 지침서

이 책은 핵심을 꿰뚫는 리더의 질문은 능동적이고 생산적인 회의 분위기를 만들고 리더의 경청과 인내는 기업 문화를 바꾸어 마침내 경영 프로세스의 체질까지 바꾸는 혁신으로 이어질 것임을 보여준다. 그리고 그 솔루션인 질문 경영 전략을 제시하고 있다. 괄목할 만한 기업 생산성과 효율성의 향상을 꾀한다면 대기업, 중소기업을 막론하고 조직혁신의 지름길인 질문 경영 프로세스로의 리셋 작업을 서둘러야 한다는 것을 이 책에서 질문 경영 성과 사례들을 통해 피부로 느낄 수 있을 것이다.

300% 강한 영업

황창환 지음 | 14,000원

내 기업의 강점은 살리고 매출을 올리고 싶은가? 강한 기업을 만드는 강한 경영자가 되는 비밀을 담았다!

3년 적자 기업을 신규 고객 창출로 흑자 전환한 경험, 2년 만에 40개가 넘는 신규 지점을 개설한 경험, 폐점 직전이었던 매장의 영업 실적을 50% 이상 증대시킨 경험, 정체되어 있어 있던 매출을 두 자릿수로 성장시킨 경험 등 저자의 실제 영업 성공 사례와 생생한 노하우를 한 권에 담아냈다! 언제 어디서나 기업에 혁신을 일으킬 수 있는 영업 비법을 손에 쥐고 싶은가? 시대와 시장의 흐름에 영향받지 않는 지속적인 매출과 경영 성과를 얻고 싶은가? 그렇다면 지금 당장 강한 기업이 되기 위한 첫 번째 관문, 바로 '강한 영업'을 시작하라.

비욘드 리세션

이석현 지음 | 25,000원

전 세계적으로 엄습하는 경기침체의 파고를 넘어
또 다른 성장의 기회를 잡아라!

이 책 《비욘드 리세션》은 그런 면에서 기업 CEO들이 나무가 아닌 숲을, 눈앞의 포말이 아닌 멀리서 다가오는 파도의 흐름을 바라보며 대비하게 해주는 책이다. 분명 곳곳에 경기침체의 징후들이 가득하며, 이에 대비해야 하지만, 위기의 파고를 넘었을 때의 성장 동력을 재무장하는 방법이 이 책 《비욘드 리세션》에는 함께 제시되어 있다. 동전의 양면을 둘 다 놓치지 않는 지혜가 이 시대 기업인들에게 더욱 요구되는 것처럼, 경기침체와 그 극복 후의 성장과 반등을 동시에 생각할 줄 아는 혜안이 이 책을 통해 길러지리라 생각한다.

턴어라운드 4.0

이창수 지음 | 17,000원

하이 아웃풋(High Output)을 만들어
기업의 턴어라운드를 발생시키는 전략 통찰법!

《턴어라운드 4.0》은 기업의 멋진 항해를 도와주는 도구인 환경과 시스템을 구축하기 위해 기업과 경영인이 갖춰야 할 전략과 통찰을 정리한 책이다. 저자의 30년의 경험이 녹아 있는 기업의 턴어라운드 프로세스는 언제 사라져도 이상하지 않은 부실기업을 '강력한 기업'으로 재탄생시켜줄 수 있는 비결을 상세히 알려준다. 어려운 상황에서도 기업의 성공과 발전을 달성할 수 있도록 미래를 정확하게 예측하고 철저히 기획하는 데 이 책이 큰 도움이 될 것이다.